ISBN: 978-1-946604-24-8
Library of Congress Control Number: 2024939355

Ugly Duckling Presse
The Old American Can Factory
232 Third Street, #E-303
Brooklyn, NY 11215
uglyducklingpresse.org

Cover image drawing: John Armstrong, *Untitled*, ink on paper, October 2020.

This project is supported, in part, by a Poetry Programs, Partnerships, and Innovation grant from the Poetry Foundation, by the New York State Council on the Arts with the support of the Office of the Governor and the New York State Legislature, by public funds from the New York City Department of Cultural Affairs in partnership with the City Council, by an award from the National Endowment for the Arts, and by the Bridge Fellowship from the Gender Studies Department at the University of Arkansas.

[handwritten inscription:] To Néstor and Renée this little box of resonances and lights Thank you! for reading! Diana Nov. 2)

DIANA GARZA ISLAS
translated by CAL PAULE

Black Box Named Like to Me

Caja negra que se llame como a mí

UGLY DUCKLING PRESSE

CONTENTS

for Ruiti

for Séfer Aleph Isaí

We are on the line. We will repeat this message. We will repeat this on 6,210 kilocycles. Wait [...] We are running on line north and south. We must be over you [...] We cannot see you. Cloudy and overcast. Want bearings [...] We are circling you. We cannot hear you [...] Please take a bearing on us and answer by voice [...] We are in line of position. We are running north and south. We are listening on 6,210 kilocycles.

AMELIA EARHART

*Su ambición es el lenguaje del piloto
hablándole a los pasajeros
en medio de una situación desesperada:
parte engaño, parte esperanza, parte verdad.*

*Todos los poemas terminan igual.
Hechos pedazos contra un cerro oscuro
que no estaba en las cartas.*

*Luego hallan los restos: el fuselaje,
la cola como siempre, intacta,
el olor a cosa quemada consumida por el fuego.*

Pero ninguna palabra sobrevive.

MARIO MONTALBETTI

Caja de miel, tú no me quieres.

Box of honey, you don't love me.

RUITI

Box of FAQs

Q: What even is this book?

A: This is a full translation of Diana Garza Islas' first book, *Caja negra que se llame como a mí*. It was published originally by Bonobos in 2015 in Nuevo León, México. It's the first published translation of the book as a whole into English, though some of my translations of individual poems have appeared before in various publications. These are the first poems I've ever translated.

Q: Who is Diana Garza Islas?

A: Diana Garza Islas is a poet from Nuevo León, México, with four other books since this first one. She is a multidisciplinary artist as well as a poet. She has received various awards and grants for her work.

Q: Are some of these words made up?

A: Yes.

Q: Did you try to translate them?

A: Yes.

Q: Does this book mean anything?

A: Yes.

Q: What *does* it mean?

A: Lots of things probably. It asks you to help make the meaning more than many books do. It's about language acquisition and motherhood.

Q: What is core about this book, that you tried to translate into English as faithfully as possible?

A: Sound, image, and voice are key—then, syntax, pacing, lexical stability/integrity, sense. Voice matters more than almost anything. It's a strong juxtaposition between the familiar or colloquial sense of language and the hyperspecific language of description. I've tried very hard to keep the placement of strange moments and familiar moments in the translations as close to the original placements as possible, because they feel so important.

Q: What got lost in between the Spanish and English versions? Or, another way to say it, what did you choose *not* to translate?

A: I've let myself change the placement and type of sound patterning and puns to suit the building blocks of English better, finding that alliteration, slant rhyme, parallel syntax, brief metrical repetitions, assonance/consonance, and other prosody tools of English work well to compensate for the very different music and sound that the Spanish poems carry. I left spell and grammar check at the door. I've had to abandon the richness of multiple connotations that many of the

words in Spanish carry, though I've tried to find ways to compensate for that throughout. Some of those words that carry multiple meanings include: cáscara, ataúd, calcar, armario, aluminiar, abolir, polvo, cabeza, hélice, and others. "Meaning" wasn't a part of the process until very late in the game.

Q: Why is some of it still in Spanish?

A: For one of two reasons: 1) Because, in those spots in the original Spanish, those lines were in English! So I translated them in the opposite direction (mostly, with a couple of exceptions). 2) Because it's a song or a line from something in Spanish that Diana and I believe should be experienced in Spanish, whether or not it's understood word for word.

Q: This all sounds like nonsense.

A: This book will teach you how to read it the further in you go. The poems operate in a mode that has to be acquired (like any language!) It's closer to allsense, Diana would say.

Q: How should I try to read this book? What happens if I don't get something or if I don't feel like looking things up or if I don't feel like thinking so hard about it?

A: That's a totally reasonable question. On a first pass, I think this book is actually really fascinating to read just by looking for the musicality in the language—there's all these moments of almost rhyme, of rhythmic patterning, that are really lovely, even or especially if you're not thinking about what the words themselves mean. Or, if that's not your vibe, there's stacks and stacks of images that are interesting and fun to consider, outside of anything about what they mean! "Lycanthropic helix

fluid" feels so good on the mouth, even though I have no idea what it means. "Back alleys to your eyes" makes me feel *feelings*, despite not really having a firm sense of what that image is trying to tell me. Also, I'm a big proponent of just reading without trying to remember everything you've already read. If you're enjoying something about the spot you're in the middle of reading right this second, then I've done something right. Also, forget the idea that there are right answers. There are only new rabbit holes to go down, new connections to make.

Q: How did you even start translating something like this?

A: Initially, as a brand-new translator, I focused on keeping the syntax structures of the translations pretty similar to those in the source and finding words in English to stand in for the ones in Spanish. Then I started noticing words that can mean several things. Those were difficult to translate, especially when they were reused in new contexts. So I had to choose how to incorporate the image systems into the English poems, how to preserve the extra connotations she was writing into the lexicon. I was convinced the tone of these poems wasn't formal, but it was a struggle to communicate that while translating only word for word. I learned to translate phrasing like that! Whole phrases and lines, rather than individual words. The difference between "you should stop talking" and "shut the hell up!" Deciding to do that helped lower the register closer to the feel of it in Spanish.

Q: Why did you keep going?

A: Because I was having soooooo much fun! Puzzles and playfulness and challenging questions with no easy right answers are exciting and beautiful to me, and often funny. I could spend all day translating these poems and not be done, and not be bored. There's so little work that's like that.

Q: What made you think this book wasn't just a pile of words chosen at random?

A: In reading and rereading, connections started to appear and clarify. The references to motherhood, language acquisition, kids, and play came back again and again. The abstraction in the poems never disappeared, but it became a language I could see patterns in. I assumed these patterns would show up naturally in my translations, once I could see them. I learned from very generous readers that this wasn't the case, that what I thought was obvious was only obvious to me. So, I started looking for ways, all kinds of ways, to make these poems make sense to other people. That was super fun too! Research is a joy for me, and even better, readers were loving the results. People love feeling smart. And in poetry these days, readers love language that's both natural and surprising, smooth and inventive, clear and colloquial and casual and somehow also highbrow.

Q: So then why is this book *not* that.

A: Well, it was a lovely six months, but I was reminded by Diana that these poems are, in her words, semi-illegible in Spanish. That is an essential part of what they are and how they mean things. To make any 'sense' of the fragmented way that we use language, the way that we are in the world, in our particular social location in it. These poems needed to embody that by being broken in certain ways. Smoothing that language was a disservice to it. It was a really uncomfortable realization, that I'd been listening too much to what other people wanted from the book.

Q: Okay, I'm trying here, but... if you didn't translate this book to make these poems make sense to other people, isn't that just like, not translating it? What was that process like?

A: There's a middle ground. I do all the in-depth reading and discovery and annotation and research beforehand. Later, I can hold all that in the back of my mind, not the front, as I translate. Which seems to give the poems enough room to assert their grammar and voice but still weave in the patterns of sound, image, and abstracted meaning I dug up earlier. I think. So much of my practice and way of thinking is intuitive. And, like, I don't mean that to imply that I've always known what I'm doing, not at all! But that I have to prime my brain ahead of time to behave in this very specific way. There's a sweet spot. Trying to muscle my way through all the decision-making in the moment leaves me and the work distracted and unfocused, struggling to find any foothold. Translating from a strictly improvisational stance just replicates whatever is in my head at the time, not the poems in the source text at all. I'm at my best when I let my brain ruminate on what I want to imbue the work with ahead of time, give all of that a few days to stew, and then come to the translation process with it on the back burner. At that early stage, I avoid connecting the dots. Instead, I try to take each phrase and line break and image as it comes and fit it into the researched schema where it seems right. Let it not make sense where it doesn't make sense. I also don't want to imply that I always manage this balance gracefully!

Q: Why should I even read it?

A: I can only hope it drives you to think hard about it, like the book in Spanish does to me. I hope you can open yourself to it like a kid might: looking for joy, expecting everything, no matter what that could mean.

BOX THAT IS ALSO A BOX OF ICE
CAJA QUE ES TAMBIÉN UNA CAJA DE HIELO

Panal

Era una danza maorí, el día que avispada me arrojé en fanal.

Dibujé un lago, dividí, lo viste. Y tal vez dije: *El lenguaje de los mudos sea mi única caricia*. Dos palabras. *Aquí es aquí.*

El lugar no era una espina, huecos horadando ni humedad fragmento. Algo tampoco. Decirlo cuarenta veces hasta convertirme en luz: *bonsáis de alas sucias, benjuí, microscopios-tejabanes.*

—Evacuen el museo.

Ahí, yo escaleras, fijé latas. Compramos cucharitas, falsa caoba donde almacenar suéteres de bebé en color rosa muy pálido.

(Cerramos los cerezos.)

Acá, yo y mi muslo somos un ciclo de gárgolas, yo y mi aparato visual de *nervaduras con chispitas*, yo y Ruiti en la calle del agua, citoplasmas de a.m. en cascadas de leche posible cantándome cajas de miel

cuando no dudé si azul era azul.

Hoy
he dicho luz y sé
que hoy dije luz.

Y no sé. Tal vez he dicho *vendaval de jaulas* o he dicho *ahora* o he dicho

Honeycomb

A Māori dance, that day I wasped myself off the lighthouse.

I doodled a lake, I divided, you were there and watched. And maybe I said: *Unspoken language will be my only caress.* Two words. *Here is here.*

The place wasn't a fishbone, wasn't a stinger, wasn't bored holes or patches of damp. Something neither. To say it forty times until I turn into light: *bonsais with dirty wings, benzoin, ramada-microscopes.*

'Evacuate the museum.'

There, stairs I, set up tins. We bought teaspoons, fake mahogany where they stockpile light pink baby sweaters.

(We lock the cherry trees.)

Here, me and my thigh are a series of gargoyles, me and *my ribbed and sparkling* visual apparatus, me and Ruiti on Water Street, morning cytoplasms in milk cascading and possible singing me boxes of honey

when I didn't doubt if blue was blue.

Today
I said light and I know
I said light.

And don't. Maybe I've said *cages in a whirlwind* or *now* or *to yacht* or that

balandrar o que abuelita es una azucarera a mitad de un mantel verdizo lila y *esto es un planeta sin sillares, no lo olvides.*

(Raíces mascabadas, dulcífagas, de vidrio.)

Cuando en tiempo real sólo es él diciendo *esto es arriba esto es abajo ¿cómo es?* Señalando un mililitro de amarillo, un centímetro de flúor, semillas de manzana evaporándose a tientas.

Soy un rey mírame mamá.

Y su traje es invisible y un avión surca sus manos. Andromedea no, sí galaxias inversas que al día cedieran sangre de crayón a la pared líneas en zigzag.

Esto es un barco mamá.

Ahí he visto ya despetalar de sus ojos asteroides,
ningún árbol que atestigüe
que un barco es un barco y un quinqué cuelga de un faisán

y es una alberca.

Que un enano grita a un árbol de limón *es peltre lo que culmina.*
Que una mujer recuerda *nunca fui tortuga nunca fui dragón nunca fui mujer.*
Que un anfibio distingue la orilla.
Que un buitre golpea algo rojo.
Que un conejo palpita en la palma de una anaidómena enorme y alguien deja caer la envoltura de un dulce en la fuente de piedra.

grandma is a sugar bowl centered on a moss green and lilac tablecloth and *this is a planet with no ashlars, don't forget.*

(Glass shards of muscovado roots, sweethungry.)

When in real time it's just him saying *this is up this is down, how come?* Indicating a millimeter of yellow, a centimeter of fluorine, apple seeds vanishing in the dark.

Look mom I'm a king.

And his costume is invisible and a plane dives in his hands. Not Andromedea, yes inverse galaxies that cede crayon blood to the walls by day in zigzag lines.

Mom this one's a boat.

I've already seen asteroids depetaling there from his eyes,
and not a single tree attests:
That a boat is a boat and an oil lamp hangs off a pheasant

and is a swimming pool.

That a dwarf shouts at a lemon tree *it's pewter that peaks,*
That a woman remembers *I was never a turtle I was never a dragon I was
    never a woman,*
That an amphibian makes out the shore,
That a vulture strikes something red,
That a bunny throbs in the palm of an enormous anadyomene and
    someone drops a candy wrapper in the stone fountain.

(Hay un juguete de hiedra.)

Hay una niña-armario su feto hervido *in vitro* bajo el ventanal a media
    gota de punto encendida.
Y la niña mira una rama y dice *es mi llave.*
Y la niña mira la llave y dice *es mi espada.*
Y un niño mira la espada y se queda callado
y recuerda el sonido de *hélices.*

Sí las azufaifas son ciertas.
¿Pero una araña es una araña o auscultar?

Y el rojo crezca entonces un lápiz diminuto
escribiéndome otra vez en la nariz:

El perfume no me dicen.

Ni es castillos la velocidad.
Ni mis son ojos diez aeronaves casi púrpuras, doradas.
Ni un círculo estallido, huella fruta espuma horizontal
siluetas verdes no desvencijándose sutil en mi rostro sí lucífugo.

Ni *inserte usted su estrella aquí.*

Fugaz, cajas de miel en su ataúd así dominan bailar mi apellido hacia
allá con simetría de líquido azul y pierna postiza en el pétalo que falta.

Y esto también es un barco mamá.

(There's a viny toy.)

There's a girl-wardrobe her fetus boiled *in vitro* under the window at
    half a drop of a lit end.
And the girl sees a branch and says *this is my key.*
And the girl sees the key and says *this is my sword.*
And a boy sees the sword and stays quiet
and remembers the sound of *helixes.*

                              Yes the jujubes are for sure.
                   But is a spider a spider or auscultation?

And so the redness grows a tiny pencil
and writes on my nose again:

                      The perfumen won't say.

Or that the velocity is castles.
Or that mine are ten nearly purple golden aircraft eyes.
Or a broken circle, a fruit print flat
green foam silhouettes, unsubtle but fading from my face yes lucifugous.

Or *insert your star here.*

Over there, briefly, boxes of honey in their casket so dominate to dance
my last name with liquid blue symmetry and a prosthetic leg on the
missing petal.

                      And this is also a boat mom.

Y frente a lo que en él se propaga a leguas o lenguas en fángano está su nom-
bre y su nombre significa armarse hasta los dientes y sólo en el hueco de la
pared líquida al reverso preciso de mis yemas a kilómetros hay una estrella
de hueso y un cartílago de espejos mirándose a la sombra del río y una cara
de nieve que es una, pero eso fue hace mil ocho mil soles y no me acuerdo.

Esto me dice una línea ondulada en la pared que dibujan en silencio sus
tres años y astrolabios aúno:

—¿Entonces era aquí donde era ella?
—Sí mamá aquí es aquí.

(Y la calle del agua es coronada de alazanes.)

□

Tengo un jardín en la palma de mi mano
adherida a un submarino extraterrestre.

Y la calle del agua es coronada de alazanes.

Entrecruce de moras recamando labios
azúcar y nieve mis ojos al espejo demolían.

Y la calle del agua es coronada de alazanes.

Gritan mediodía en un bosque infinito
así me mueren umbra sagital de aves magenta.

& in front of what proliferates in him from leagues or languages away through muck is his name & his name means arm yourself to the teeth & in the hole in the liquid barrier exactly on the other side of my fingertips miles away is a star made of bone & a cartilage mirror looking at itself in the shade of the river & a snowy face which is a, but that was a thousand eight thousand suns ago & I don't remember.

I'm told this by a line undulating on the wall that his three years draw in silence and finally I see the astrolabes:

"So this is where she was?"
"Yeah mom here is here."

(And Water Street is crowned in sorrels.)

⊞

I have a garden in the palm of my hand
glued to an extraterrestrial submarine.

And Water Street is crowned in sorrels.

A crisscross of blackberry vines embroidering sugar
& snow lips my eyes demolish the mirror.

And Water Street is crowned in sorrels.

They yell noon in an infinite forest
so they kill me sagittal umbra of magenta birds.

Y la calle del agua es coronada de alazanes.

Al jardín llueven destellos de marmota.
Manzanas-crinolina espabilando el disco que astilló

a la saga así neón de *amuerden*
                    abejas polizontes

ondulando
espléndidas

dos cabecitas de leche en sus trasuellos: fru frú: el silbar casi de un
insecto fluorescente: amamantar: la máscara de mis manos a esta línea:
a la intemperie he vuelto esto es así: picaduras de abeja en nuestros brazos
que culminan cayéndosenos ya por el huacal de lo enlistado

                                                    : *tan ámbar.*

Y qué panal, decírselos.

Qué ataúd de miel calles de agua tanto coronar y no decir *qué sed*, única
palabra y caricia imperativa porque sea, sí, sé aún el conejito de vidrio
cantando en barcos de algodón danzas maorí, danzas de lluvia o astros
que eran astros cuando labios aún no ni los aunaba y eran vid.

                    [Emperativo.]

            Soy un rey mírame mamá lluéveme un barco tengo sed.
                    Y nubes tú mamá, que lloverías.

(Yo viéndolo ya, en sol o mieles.)

And Water Street is crowned in sorrels.

Sleepy fairy dust rains down on the garden.
Crinoline-apples waking up the solar disc I shattered

during the neon saga of *they bite*
                    bee police

undulating
magnificent

two milky little heads in their slick suits: froo froo: the almost-whistle of
a fluorescent insect: breastfed: the mascara in my hands to this line: *I've
gone outside again it's like this:* beestings on our arms that peak & topple
us by the boxes of the enlisted
                                        : so amber.

And how honeycomb, to tell them.

What casket of honey Water Streets so much crowning and not say-
ing *this thirst*, the only word and imperative caress because it is, okay, I
even know the glass bunny singing Māori dances on cotton boats, rain
dances or stars that were stars when even lips hadn't no not even yet
met and were vines.

                    [Emperative.]

I'm a king watch me mom rain me a boat I'm thirsty. And
You cloud mom, so you'll rain.

(Seeing it now myself, in honeys or sun.)

Licores vítreos

Un día eran horda blanca, azul me suscitaran no el entrepié o sordo urular de *conefluvio denominado aluminio*, y no en torpor de *mirlo*, dice aquí.

Míralo: si ruiseñor sí, alondra ruiseñor.

                                                            Y desalméndrase.

Días después de *si mi nombre fuera mío* llegó así, untado de sandalias, oro lacio. Y siempre exenta abre una voz donde encendimos —no a los grillos, un embrión de grillo en una copa que quebré con una llave.

                                                    O de una caja brota luz:

Hay un jardín en el jardín.

Y de respirar para omitir un aerolito, cogió lodo. Cogió agua de uvas y de vid y lo ví en imperativo, no llovía: tres hombres en pijama arden el estanque. Se llamaba Alondo, se llamaba Zacarya, se llamaba Harlodt, y no querían lunas en la cara y no querían licor de menta y no querían haikus. Si yo dibujara algas en mis muslos por dar piernas al poema esto se leería *elefante* o *líquen* o *ave a cuatro cajas* o *toros muertos en aldaba atroz*.

Pero era tarde ya. Y eran niveles de agua marcados en piedra con pinceles de fosfeno. Eran color simetrizando eras. O una garza en la costra del estanque que me mira y sé que soy la puerta del mamut, tampoco ámbar.

Glassy Liquors

It says that one day they were a blank, blue horde that stirred in me nei-
ther a dipped toe or urulate deaf *an effluvium denominating aluminum*,
or even *a blackbird* in torpor.

Look at it: if nightingale yes, calandra nightingale.

And it undoes itself.

Days after *if my name were mine* showed up, smeared with flip flops,
wilty gold. And always-free-from unlocks a voice where we lit—no to
crickets, a cricket embryo in a cup I broke with a key.

Or light breaks from a box:

There's a garden in the garden.

And from breathing to omit an aerolite, I groped mud. I groped water
from grapes and vine and saw it in the imperative, it wouldn't rain:
three men in pajamas burn the pond. They were called Alonda, called
Zacarya, called Harlodt, and they didn't want dark circles under eyes
didn't want mint liquor didn't want haikus. If I drew seaweed on my
thighs to give the poem legs it would read *elephant* or *lichen* or *four-box
bird* or *dead bulls in a horrible doorknocker.*

But it was already too late. And they were water levels marked in stone
with phosphene brushes. Pigment lining up eras. Or a heron at the
pond's edge that sees me and knows that I'm the mammoth door, that
I'm not amber either.

Siempre exenta, siempre ruitilante.

✦

Hay un ruido rojo. Hay un ruido rojo, decididamente. Cyan magenta es cianuro de tus manos. Magenta yellow es imán bebí. Y beber es cuenca y significa. Y significa es mandíbula que cae.

[Pero esto es un anzuelo. Pero esto no es el fin del mundo.]

La caja era una caja de cerillos, sol magenta. Nubes no en países o cerebros camuflando *cajas de cerillos.*

✦

O si escribir era jaguar adentro la escalera un niño cantan cajas verdes al oído del soldado desde el lodo: *Tengo sed.* Tengo sed y muerde el lóbulo. Un cocodrilo ríe, sí, pero nadie que dijera: *Es tu medalla o fruta o fruta la medalla al sol.*

[Lícores vítreos, dije sí.]

Y dije el crepúsculo y los kioscos. Y dije en alud y en refrendar. Y dije letras esculpidas en hielo a contrasombra, pero dije es animal infiel, duerme infinito.

Y no es ojo de tigre ni jaula con bolsitas.
Y no ni leche de oro encadenada al oro.
Ni pedazo de ojo.
Ni pedazo de.

Always absent, always ruitiant.

◻

There's a red noise. There is definitely a red noise. Cyan, magenta is cyanide from your hands. Magenta, amarillo is a magnet I drank. And drinking is a basin and signifies. And signifies is jaw-dropping.

[But this is bait. But this isn't the end of the world.]

The box was a box of matches, sun magenta. Clouds, not found in countries or brains, camouflaging *boxes of matches.*

◻

Or if writing was jaguar inside staircase child sing green boxes soldiers heard from the mud: *I'm thirsty.* I'm thirsty bites the lobe. The crocodile laughs, yes, but no one who says: *The medal's yours* or *fruit* or *fruit the sun's medal.*

[Glassy liquors, I said yes.]

And I said twilight and kiosks. And said in avalanches and endorsements. And said letters sculpted in ice countershaded, and called it unfaithful animal, said it sleeps infinitely.

And it's not a tiger's eye or a cage with plastic bags.
And no not golden milk chained to gold.
Nor a piece of an eye.
Nor a piece of.

Y no es ojo de tigre o vendaval permeable.

Ni proa boreal que aureolas flúor licuarían
al reverso de alas verdes en las alas

si fósforos así
y trasminan lácteos

yemas de *algidizan en la lumbre de una i.*

And it's not a tiger's eye or a punctured gale.

Or a boreal bow that haloes fluorine melting
on the back of green wings on the wings

if matches lit like this
and relayed lactose

buds of *freezing in the fire of an e.*

Zapato invisible
o pequeño emperador a tres vistas

Láctea, *flavescente*
lo que en mí no dilucida en laja aviar.
Remanso simultáneo al sol abismo, fósil
lava en mí celeste, lacustre calendario
así mi mano
así mi ánima.

> *Oro no es mi cuerpo si alhóndiga una sal me dibuja hormiga*
> *en mi cuerpo que no tuve.*

Rüido. Rüido. Rüido.

En mi ni casa de luz ni veloz.

> *Aquí es aquí.*

Y abrir la llave no se abre cuando lo que duerme es mirar y la cáscara no duerme y otra vez soy rey.

> *Silencio. Silencio. Ya no más silencio.*

Silencio era una niña y su cabeza imaginaria, estalactita no todos dicen *estalactita* no —y está lactando.

> *Y la carne no me duele. Es una esfera. Una canción esperándome*
> *al otro lado de la noche donde nadie. En mi voz en miel de armas*
> *donde nadie.*

Si lo dices dos veces te derramas

Invisible Shoe
or Three Visions of A Small Emperor

Milky, *flavescent*
the stuff in me which does not clarify on the ready slab.
Stillwater simultaneous to the sun abyss, fossilized
lava in my sky, lacustrine calendar
so my hand
so my soul.

> *My body isn't gold if a milled salt draws me an anthill*
> *in the body I didn't have.*

Naïve. Naïve. Naïve.

In my uncomprehending, unlit unhouse.

> *Here is here.*

And unlocking doesn't open when what sleeps is to see and the peel
doesn't sleep and again I am king.

> *Silence. Silence. No more silence.*

Silence was a girl and her imaginary head, stalactite not everyone says
stalactite no—and she is nursing.

> *And the flesh doesn't hurt me. It's a sphere. A song waiting for me*
> *on the other side of the night where nobody. In my voice in armed honeys*
> *where nobody.*

If you say it two times you spill

llamarada vitral en hueco undeante

te derramas
velándote en otra

"flameva obscura"

donde convergir sí es oro y
plasma y feto.

Oh densidad huerta.

⊡

Dibujamos armas de mínimo resplandor.
Dibujaban estrellas, cada diente demolían.
Alguien yo que imaginé cascos de pulpo
o arenitas en la pulpa presagiándome
                                    el diluvio:

diminutos animales que al lóbulo cabrían
si supiéramos dormir.

Pero mis ojos *es un manantial*
            de aves nevadas tonel púrpura su escarabajo.

Dorado avanza sin gritar —¿Es?
Se alza de espaldas a ensoñarse marsupiales.

Atrás del mar están sus alas

sudden flame-stained glass in undating space

you spill
watching over another

    "burne sombre"

where to converge is indeed gold and
plasma and fetus.

Oh orchard density.

                   ⊞

We drew weapons of minimal radiance.
They drew stars, demolished each tooth.
Somebody me that I imagined octopus helmets
or grains of sand in the pulp foretelling
                              the downpour:

minuscule animals who would fit on an earlobe
if we were better and slept.

But my eyes *it's a spring*
        of snowy birds purple barrel your beetle.

Golden advances without shouting "Is it?"
It rises from spines to daydream marsupials.

Behind the ocean their wings are

destilando matices de rojo.
Atrás de la lluvia hay catarinas diciéndose *Alailá*

o diciéndose *amordir.*

Al tiempo que un anfibio armorecía
mi trébol que te fue en cantar
                             setas al oído

crecidas a una zarza anudillada, esa cabecita
de tres años que
                             miel sol,
                             miel sol.

Desde su sillita así bajándose
preinscrito.

⊞

Eran horcas dibujadas en almelos
acariciar mi nombre autófagos si sucedían
de nueve a nueve

círculos de *atomillar en cornisas flamboyantes.*

Si su voz fuera un centímetro lejana, existiría.
Si distancia fuera una palabra me darían ¿doce

faisanes?
¿O cada fuego arborecer bifurca?

distilling hints of red.
Behind the rain there are ladybugs saying *Alailá*

or saying *nipbit.*

At the time that an amphibian armored
my clover that went to sing to you
                             mushrooms in the ear

you grew to a knuckly bramble, that little
three year old head that
                             honey sun,
                             honey sun.

Climbing down from your stroller like it was
already written.

                             ▣

They were gallows drawn in almelloes
to caress my name autophagous if they took place
from nine to nine

circles of *atomize in flamboyant cornices.*

If your voice were a centimeter farther, it would exist.
If distance were a word they would give me, twelve

pheasants?
Or every fire to forest branch?

A horcajadas, grité
holanes celestes la silueta del verano.

O sol es hay
y somos
y mirar por la ventana es

cerrar el vuelo en algo azul
redondo, alrededor:

      espigas acampa.

Y tañe no amarillo
o subreír, *Uffizi*

si es decirte que es metálico arde en ecos y sucede en manzanares
que la estatua del jardín me habló y me dijo nuestros nombres
y me dijo *Alaila* y me dijo

también que soy un pájaro
donde ficus recortados sobreseían la sombra

sí

nadie ahogárame de huesos en los leones
nata gris en la doble resolana

donde llueve, y yo.

Straddled, I called out
sky blue frill the silhouette of summer.

Or sun is, there is
and we are
and to look through the window is

to close the curtain on something blue
round, around:

sprigs bells.

And I grasped not yellow
or underlaugh, *Uffizi*

maybe to tell you that it's metallic burns in echoes and takes place in
    apple orchards
that the statue in the garden talked to me and told me our names
and told me *Alaila* and told me

also that I am a bird
where trimmed ficus toss the shade

yes

nobody will drown me in bones on the lions
their gray cream in the double glare

where it rains, and I.

Vituallas para un listón de lluvia

Verde es *sombra*. ¿Pero hay espacio entre
esas cosas y decirlas? ¿No es verdad
que estoy ahí? Sí, el cielo es azul
porque lo miro. No ese instante
ni el perímetro de las cosas
hundiendo en la cuenca.

Plúmbago, la cáscara del sol
también nigérrima, ambas.

¿Pero eras tú o era un castillo?
Rojo. *Cleidomastoideo*.

Así fue urdir palpando
su nombre a la caída.

(Aquí Mojan. Sus Patitas. Pájaros De Octubre En Lo Mullido.)

Supplies for a Rainy Ribbon

Green is *shadow*, but is there space between
those things and saying them? Am I not
there? Yes, the sky is blue
because I see it. Not in that instant
or the perimeter of things
sinking in the basin.

Plumbago and the sun's rind,
both deep black.

Was it you, though, or a castle?
Red. *Cleidomastoid.*

That's what it was like, to warp and brush
against your name at the falls.

(Birds Wet. Their Little Feet. Here In October On The Soften Away.)

El esqueleto que a la ruta adecuó

Colectar un capullo lo relativamente fábrica de sombreros que drene un panorama pleno de papillas y avispones y llamas dadas. Colectar una cola de castor combinable a la deshidratadora número uno. Colectar una trituradora de espiráculos nevados (llamarla que extravíe). Colectar un "aluvión." Un "aluvión" es concebir un espacio de cigüeñas (todavía). Murmurar: *Luzbel es la luz consciente*. Soñar: un cuchillo replegándose en forma de aluminio, una turba de mosaicos ya sin piel o suicidándose o nido o gallo, su gemelo seduciéndome (en la sabana paralela), su madre y su madre a escala. Hogar: un espejo color pastel, un sendero pájaro-serpiente, un sendero pájaro-campana. (Su nombre era decir lo que se dice: páxaro-diamante.)

Y nadie dijo cascabel.

Neón es

no ir más allá de las piedras que dibujan. No mirar telarañas. No decir: *Las telarañas son*. No mirar el pájaro rojo en la copa cuando me diga: *Mira el pájaro rojo*. Tampoco matar insectos de algodón con piedritas.

Osos sí, no más de tres.

Ya te dije: una meseta donde el canguro y su mapa-calendario. (Alegoría.) Una lista de números en la voz de un alacrán que esquinó. Un cuadrilátero a la sombra como bruja láctea. O pelos de bruja. O caldo de niñas en su ritual pétreo-mentolado.

Sin jamás decir: *reginforar, jirafizar, jeroforir*. (Solveig

era un nombre

The Skeleton Who Adapted to the Route

Collecting a cocoon a sort of hat factory that blanches a panorama filled with baby food and wasps and given flames. Collecting a beaver tail that can combine with dehydrator number one. Collecting a garbage disposal unit of snow-covered spiracles (I name her, I lose her). Collecting a "flood." A "flood" is to conceive a space of storks (still). To murmur: *Luzbelle is the conscious light.* Dreaming: now a knife withdrawing itself aluminum, now a mob of mosaics with no skin or suicide or nest or rooster, the twin seducing me (on the parallel savannah), the mother's twin, the mother-to-scale. Home: a blanched mirror, a bird-serpent trail, a bird-of-the-hour trail. (Their name was what they say: diamond-birde.)

And no one called it a rattler.

Neon is

no going further than the drawing rocks. No looking at cobwebs. Not even saying: *cobwebs are.* No looking at the red bird in the cup when I'm told: *look at the red bird.* And no killing cotton bugs with pebbles.

Yes, bears, no more than three.

I already told you: a plateau where the kangaroo and her map-calendar. (Allegory.) A list of numbers in the voice of an *arachnida scorpiones* I cornered. A boxing ring in the shade like a milky witch. Or witch hairs. Or broth of girls in their rocky-menthol ritual.

No saying ever again: *rulgoverage, girafferaze, sacredify.* (Solveig

was a name

una epopeya en la micro-mar del caracol adherido.)

Pero Ígor, dame un puente, dame pies trocaicos, dame un tractor. (Advengo ya.) Y eran taurinos, ¿viste tú? —De su *entre* cairelancia. Tal vez graffitimalla, tal vez canciones rubias diario diluir a través de los: *¿Cómo te llamas tú?*

Bermellón. Me dijo *Bermellón,* no *Vi el pájaro rojo en la copa.* (Escuché *Campanella.*)

El pájaro rojo era el crúor, el tópico, cierta ranfla de cíclopes, volado acomedido de madrépora-turbión donde dormía: una letanía de gas pormenorizando el posible ajonjolí. Tanque digestor de lodos. Tan robot, tan can gurú. Tampoco las canoas donde estrellitas *tin tin dosforecentes.*

Aquí y aquí:

lamia-calígine baldón en pervigilio.

Desgloso: el de la cañada eras tú y un balcón y yo el balcón de enfrente donde emito. Usas cuello. El balcón de enfrente significa *estar.* Y entonces te difuminas y te conviertes en pájaro y vuelas a la izquierda y digo: *Es el pájaro simétrico, el pájaro moderno, el eje, es el pájaro simétrico.* Y pienso en una sombra nuclear adherida a la pared cuando digo *así.*

Así, o *que desparzo mis ígneas multitudes* en elefantes-mariposa.

El elefante-mariposa que todas las especies de al fondo de aquel río me dice y diré dos:

an epic in the micro-sea of a waylaid snail.)

But Igor, give me a bridge, give me trochaic feet, give me a tractor. (I'm here.)
And they were taurines, did you see?—From *between* their beadem-
broiderant. Maybe graffitti-mail, maybe ruby songs daily dissolving
through: *What's your name?*

Vermillion. I was told *Vermillion,* not *I saw the bird*
red in the cup. (I heard *Little bell.*)

The red bird was the gore, the topic, certain cyclops ramp, high accom-
modated by the madrepore-downpour where it slept: a litany of gas
detailing the possible sesame. Digesting tank of muds. So robot, so dog
guroo. Also not the canoes where little stars *ding ding duophorescent.*

Here and here:

> *lamia-darked shame in pervigilium.*

Breakdown: you were the one in the ravine and a balcony and I the bal-
cony in front where I emit. You use neck. The balcony in front means *to
be.* And then you blur and transform into a bird and fly to the left and I
say: *It's the symmetrical bird, the modern bird, the axis, it's the symmetrical
bird.* And I think of a nuclear shadow plastered to the wall when I say
like this.

Like this, or *that I slowunfurl my igneous multitudes*
in butterfly-elephants.

The butterfly-elephant that all the species at the bottom of that river
that speaks to me and twice I'll say:

Ciclópeo Cosmofasma y
Ciclópeo Cosmofasma.

Es decir: ayer, *tras neblinazo, neblinazo; allá, patrullas.* Hoy, *con éxodos veloces, las cigüeñas.*

—A cierta hora del día.

Ahí caracoles azotan la sombra. Ahí suscita astericos de lluvia. Ahí es una plaga de cilindros traduciendo la arista implicada:

Aluén, hueledenoche, la historia del neón. Y yo, magra que vi su cada marfil inquilino ríos excavando necrosadas pirámides dulces

y su vestido verde

amuñonado
sobre las úrsulas.

Cosmophasmic Cyclops and
Cosmophasmic Cyclops.

Which is to say: yesterday, *after the fog, more fog; there, patrols.* Today, *in rapid exodus, the storks.*

—At a specific time of day.

Snails whip the shadow there. Asterisks of rain happen there. A plague of cylinders translating the implicated edge, there:

Alluen, nightsmell, the history of neon. And I, lean, who saw each their ivory tenant rivers excavating necrosied sweet pyramids

and her green dress

pressed
over the ursulas.

A modo de colmena

Hélice licántropa su fluido corola en ataúdes.
La cáscara es una matriz, y lo que rueda.

> *¿Es esto un cáliz?*
> —Hada, dársena, arsenal.

(Sí, era del color de las zarzas.)
Ahí, huella triangular huyó la cárcel.

> *¿Y cómo es el azul?*

Como no es.
¿Qué es el cielo? —Como no es.
¿Qué es es? —Lo que está más allá y no tiene nombre.
¿Y quién eres tú? —¿Vos, tampoco eras de aquí?

Miré así las estrellas pero mamá no tenía voz. Recuerdo una jirafa y no era niña. De hojalata. Su guerra tenía nombre: Tampoco Fui Galaxia Cuando Mi Vestido Era Rojo Y Miré. (Trinaba, vez de otra, oro en cangrejas: La Caja.) La caja trinaba cada ver. Cada un cadáver cayó a mis manos azul perfecto, y caí. Cada gota que caí fui un cuerpo que calló, y era redonda, color plata su "caja de miel." (No sabía decir "espejo" en mi lenguaje pero sé que en mí vio el rojo de su raza, y el azul.) Alguien en mí se levanta y se va. Un niño, su cara de nieve, lo escribirá mañana.

ÉSTA ES MI ESTRELLA PALPITÁNDOME
Sembré una mandrágora, increcí.

Through the Hive

Lycanthropic helix fluid corollas in caskets.
The rind is a womb and wanders.

Is it a chalice?
—Fairy, harbor, arsenal.

(Yes, it was the color of blackberries.)
There, Triangular Footprint fled the prison.

& what's blue like?

It's like blue.
What's the sky? —Like sky.
What is is? —What's far away and has no name.
And who are you? —You're not from here either, are you?

I looked at the stars but mom had no voice. I remember a giraffe and it wasn't a girl. Made out of tin. Its war had a name: I Wasn't a Galaxy Either When My Dress Was Red And I Saw. (Trilled, stead of another, gold in Cancer: The Box.) The box trilled cadaevery time. Each and every one a cadaver falling into my hands perfect blue, and I fell. Every drop that fell was a body that fell silent, and was whole, its "box of honey" silvery. (She didn't know how to say "mirror" in my language but I know that in me she saw the red of her race, and the blue.) Someone in me gets up and leaves. A boy, his snowy face, will write it tomorrow.

THIS IS MY STAR PULSATING ME
I planted a mandrake, it grewinward.

ÉSTA ES MI ESTRELLA PALPITÁNDOME
La boca transmutada espalda sustituyeron el listón.
Fue la estatua líquida multiplicando en razas de aves-pez
cuando esferas infrarrojas cohabitaban *Un Viaje Que No Recuerdo.*

ÉSTA ES MI ESTRELLA PALPITÁNDOME
En fulgor de triángulos espiral creciente al sol-pasadizo
me encerraron en mi ojo y auguré pájaros y blandí:
No es fruta lo que se inclina.

ÉSTA ES MI ESTRELLA PALPITÁNDOME
Que el castillo decantara en tiza muda.
Y no nunca estibar el fusilaje de las yemas.

ÉSTA ES MI ESTRELLA PALPITÁNDOME
Enervantes-gema, *cálices*, membranas-drusas engarzando
minúsculas estatuas.

ÉSTA ES MI ESTRELLA PALPITÁNDOME
Una colmena a punto del *sinforecer*, del *amasián*.
Cáliz-Cucúrbita.

*Así dibujé la nupcia de su voz en la gesta del cardumen de hojalata. Un sar-
cófago de algas divide la vendatoria en penínsulas neón: Yes, sir, take me to
the castle. Un veliz como una hydra. Un muro aquí que no es aquí. También
caireles. (Muro porque no muro era vestirnos de pez para mirarlo cara a
cara: calabozos.) ¿O fue estrellas palpitando en el jardín, en semipolen?*

Una virgen a mitad del hueso sostiene
héliodos cada mapa en su yema polar.

THIS IS MY STAR PULSATING ME
The mouth transmuted as spine substituted the ribbon.
It was the liquid statue multiplying subspecies of bird-fish
when infrared spheres cohabitated *A Trip I Don't Remember.*

THIS IS MY STAR PULSATING ME
The brilliance of spiral triangles ascending to the sun-passage
shut me inside my eye and I augured birds and brandished:
It isn't fruit that sways.

THIS IS MY STAR PULSATING ME
That the castle will decant in silent chalk.
And never to heap the shooting buds.

THIS IS MY STAR PULSATING ME
Chafed-gems, *chalices*, membrane-drusen crafting
very tiny statues.

THIS IS MY STAR PULSATING ME
A hive poised to *synphoresce*, to *amass*.
Cucurbit-Chalice.

That's how I drew the nuptial of his voice on this feat this mass of tin. A sea-
weed sarcophagus divides the huntvender into neon peninsulas: Si, señor,
lléveme al castillo. *A suitcase like a hydra. A wall here, that isn't here. And*
curls. (A wall, because a lack of wall *was to dress ourselves in fish to meet*
it head on: dungeons.) Or was it stars in semipollen beating in the garden?

A virgin halfway through the bone holds
heliant each map in her polar fingertips.

Así, contraespejo al sol, aluminiaría.

ALGUIEN EXCAVA LOS PLANETAS
EN EL CENTRO DEL JARDÍN

El laberinto se detiene.

Just like that, opposite the sun, she'll alluminate.

SOMEONE EXCAVATES THE PLANETS
IN THE MIDDLE OF THE GARDEN

The labyrinth endures.

Box of Flaming Arrows

Caja de flechas quemar

Bencerenos

Como los sargazos
cuando detienen la infancia.
El AGC de la Mandrágora

Empieza la isla en una

donde ahumaba dividir
así entre esquirlas la palmeas

ahora

veamos si esto es real: un coral
sumergido, no un coral que se adhiere

(digamos)
a la ola

ahogada de piedras mojando
la punta de los pies
: *petrificante*

entonces, mirar la garza (la garza
y su sombra)

si ninguna corrigiéndome suscita
su porosidad; su espumar; quiero decir

We Shall Undergo

Like the sargassum
when they halt childhood.
El AGC de la Mandrágora

The island begins in one

where to divide smoked
so that between splinters you palm it

now

let's see if this is real: a submerged
coral, not a coral that adheres

(let's say)
to the wave

drowned in rocks wetting
the tips of the toes
                              : petrifying

then, look at the heron (the heron
and its shadow)

if no one correcting me is the cause of
its porosity; its foam; I want to say

la espuma
pero digo *espuma*
y ese poema decreté:

morderás
esfinges de caramelo en la esponjita

(para ellos)

¿o cuál era la simetría a seguir
entre uno y oro?

dije húmeros, no coral
avenida Primera y Esquina

ahí encontré el arma en la arena
su ola inusada, mi corazón

que nadas legrar

o a lo mucho, un río perfecto; nunca dos
veces distinto de sí mismo, de su día

                              a día; ahí, pesar

la flecha desde el cóndor

cuando muerto ya en la puerta fue
fotografiada el ave

the foam
but say *foam*
and that poem I decreed

you'll bite
caramel sphinxes in the sponginess

(for them)

or which was the symmetry to follow
between one and gold?

I said humerus, not coral
First and Corner Avenue

I found the weapon in the sand there
its wave unused, my heart

that you swim trepan

or at most, a perfect river; never twice
different from itself, from its every

day; there, weigh

the arrow from the condor

when it was already dead in the doorway it was
photographed the bird

puesta a mojar
en una copa quemada de vino

(y nadie diga que esto es ritualizar)

deben ir fue la efigie que ordené
cuando aprendí, digamos

                              la ola disidente

la *a* vencida, digamos
que recuerdo mi infancia

cuando yo en aislar a una
usaba aún el traje verde

con *palmiras helvéticas,*
medio hombro descubierto y coloqué

la medusa en su calva:

Y tu cabello es un país, le dije
al hombre que palmeaba yo donándole

ya, ninguna vela

pedaleo;
cristales;

espuma; (esa

set to soak
in a burnt glass of wine

(and no one says this is to ritualize)

the effigy I ordained was *they should go*
when I learned, let's say

                              the melting wave

the *a* defeated, let's say
that I remember my childhood

when I in isolating one
still wore the green dress

with *helvetic palmirans,*
half a shoulder discovered and I placed

the jellyfish on his bald spot:

And your hair is a land, I told
the man I palmed me bestowing him

now, no sail

pedalling;
crystals;

foam; (I said

dije, *inmensidad*)

en lastres labrada

que arrojaba arroces monstruos
para ver, así

si sí mi muy *mi vida*
con la ola;

      eso queda claro

¿y a quién le toca ahora referir a la mujer
esa que al calce baña

sus dos frutas podridas al sol
a la una de la tarde?

delatarte así mi nombre: *Mi apellido*

es una isla; y el rabí: *No importa*
si su hijo se llama Aleph

Aleph es una palabra, otro más:

             Sea siria, sea siria, su fijo es
             usted venga a la alcoba

(eran dos rabinos
quienes me decían el cóndor

that, *immensity*)

in carved ballasts

that threw monstrous rices
to see, like that

if yes my very *my life*
with the wave;

      that much is clear

and whose turn is it now to tell about the woman
she who bathes at the bottom

her two fruits rotting in the sun
at one in the afternoon?

you give yourself away like that my name: *My family name*

is an island; and the rabbi: *It doesn't matter*
if your son is named Aleph

Aleph is a word, and another:

      it is will be, it is will be, your landline is
      you come into the bedroom

(it was two rabbis
who told me the condor

al raz de su llamada)

y ella, que no espera teledirección
ella que no espera aceleradores de partículas

no espera la lluvia

sobre el mar
que vi

sobrelojado—

(*llover sobre mojado* es parecido
pero no es lo que esparcí)

él se para
dice: *Debes preparar*

tus diez alas distintas en esto
al venirte

(y sobra ya decir
que sí fui a la sinagoga

le decían *alcoba*, le decían *le harás*
el funeral)

y hasta aquí diré la escalerita
hasta aquí la historia con teléfonos

was the reason you called)

and she, who doesn't expect remote guidance,
who doesn't expect particle accelerators

doesn't expect rain

on the sea
I saw

onthesopping—

(*it never rains but it pours* is similar
but it isn't what amused me)

he stands up
says: *You must prepare*

your ten different wings in this
when you come

(and on top of this already too much to say
that I did go to the synagogue

they told it *bedroom* they told it *you'll do*
the funeral)

and up til here I'll say the staircase
up til here the telephone story

que ahora seré yo quien hable
de mi ombligo:

Origen De
Todas Las Aguas

¿suficiente?

o el ombligo de tu río
o el río empieza
o a ver tiente el alacrán

¡mis herederos!

todos, todos bloques de mi piel a trueque
por un viéndola

undir

de espuma-bala
de ropa aviar

y un relojero
demorado (de profesión)

o yo qué sé, nunca pude distinguir
el día de lo profuso

that now it'll be me talking
about my belly button:

Origin Of
All Of The Waters

enough?

or the belly button of your river
or the river begins
or the sight of it goads the scorpion

my inheritors!

all, all blocks of my skin bartered
for a viewing

undate

of bullet-foam
of avian clothes

and a delayed (by trade)
watchmaker

or what do I know, I could never tell apart
the day from the profuse

sí que anoche fue decir

Cernir la harina es mi único cristal
y decir cristal es decir cristal

sí que anoche fue decir

Es como cuando me vendí

la cara ante los rotafolios
donde dos niños rasgaban
la última hoja del librito de Nebrija

¿y quién fue el que dijo aquí

Ten ahí tu cine río
ten ahí tus 70 horas de plata

ahí fundarás La Fiesta Se Tejía
y un Nilo, o dos, con tus propias manos?

única muestra de esto fue la voz
tan delicadamente vestida de toronja

rusa, ácida, embalada
en su barquito bengalí y real; no de papel

como esa piedra

yes last night was to say

Sifting the flour is my only crystal
and to say crystal is to say crystal

yes last night was to say

It's like when I sold

my face in front of the flip charts
where two kids ripped up
the last page of the book of Nebrija

and who was it who said here

There you have your movie theater river
there you have your 70 hours of silver

there you will found The Party Wove Itself
and a Nile, or two, with your own hands?

the only sign of this was the voice
so delicately dressed in grapefruit

Russian, tart, packed
in its re(g)al Bengali boat; not out of paper

like that rock

real como esa rama a mí traída
a ser pesada en el cuello de la paloma

todo por decir que el agua *llega*
más allá de la rodilla

—y aquí una lágrima frotó
la rusa en el botón de su gramínea exacta

flor que no conozco
pero rima bien

como la palabra cristal con la muerte—

la palabra cristal, envuelta en aluminio
verde Reynolds

y que iría aquí
disfrazada de espuma *difractante*

de metal y prismacolor

sí, la sal dolía, lo sé, dolía acabar
cavar la sal dolía, pero

sobre todas las cosas
era el sol:

> *Mar adentro, la cabeza*
> *que se hundía*

real like that branch brought to me
to weigh on the pigeon's neck

all of which is to say that the water *comes*
up past the knee

—and here a tear that rubs
the Russian on the bud of its exact graminea

flower I don't recognize
but it rhymes well

like the word crystal with death—

the word crystal, wrapped in aluminum
green Reynolds

and that it'll go here
disguised in foam *diffracting*

metal and prismacolor

yes, the salt hurt, I know, it hurt to finish
sinking the salt it hurt, but

above all else
it was the sun:

> *Sea inside, the head*
> *that sank*

$$[\hexagon \leftrightarrow \hexagon]$$

mar adentro
oyéndome ya.

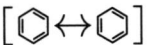

sea inside now
listening to me.

Oopnofres

Es un fósil de medusa o una niña muerta con una lagartija en el pecho o alguien tomándome una fotografía diciendo: *Es una formación calcárea.*

(Alguien me fotografía.)

Había también un sueño con manzanas en jardines parecidos. Ahí, ya era mediodía y su abuelo era un pachuco. Él enseñándonos a acariciar la corteza, a madurar la fruta.

(Era un coco rojo por dentro.)

Entonces desaparecía la escena y se veían sólo sus manos descorriendo una raíz y un caracol. Esto ocurría de derecha a izquierda en el manzano central de mi casa, pero al escribirlo recuerdo sólo un jugo, un hombre que bebía café en *tacitas,* el hueco donde hallé el petroglifo de hada andrógina frente al nido que colgaba en la palmera el día de la boda de mi hermano.

(Decir: *El coco insiste.* Decir que *el coco insiste* es cuando olvido cómo volar fuera del sueño.)

Había también una harmónica roja y una mujer negra con su gemela espía al borde de la cama. Había una familia de chinos intentando abrir el coco.

Camino a Nibiru hallamos un paquete de monedas moscotivas.
"El sonido de la nieve" —tradujo.

Oopnofres

It's a jellyfish fossil or a dead girl with a gecko on her chest or someone taking a picture of me saying: *It's a limestone formation.*

(Someone takes a picture of me.)

There was also a dream with apples in similar gardens. There, it was already midday and your grandpa was a pachuco. Him teaching us to caress the bark, to ripen the fruit.

(It was a red-on-the-inside nut.)

Then the scene disappeared and only his hands could be seen drawing back a root and a snail. This happened right to left in the apple tree at my house, but writing it I remember only a juice, a man who drank coffee from *demitasses*, the hole where I discovered the petroglyph of an androgynous fairy in front of the nest that hung in the palm tree the day of my brother's wedding.

(To say: *The nut insists.* To say that *the nut insists* is when I forgot how to fly outside of the dream.)

There was also a red harmonica and a Cuban woman and her spy twin at the edge of the bed. There was a Russian family trying to crack the nut.

On the road to Nibiru we found a packet of muscovite coins.
"The sound of snow" —she translated.

Tú me decías: *Mi silencio es mío*, pero yo estaba ya pensando en huevos de alacranes. Y al decir alacranes pienso en esa escena en que se liberará, precisamente, a un pájaro muerto hacia una calle de Vedado.

Yo, que persisto en escribir esos nombres, como si ustedes existieran.
"Mi isla fue la sumersión" —tradujo.

Ahí, recuerdo que mi isla era una trasmisión radiofónica. Ella espiándonos cerrar todas las puertas de madera. Ella pasteles nocturnos jugando madrugar sin que madrugar significara ver jardines con estatuas o aceptar mis dos monedas líquidas para que tomaras el taxi del sueño que una niña me dijo que tuvo —esa niña que fui, en el jardín de las manzanas.

(Era un jardín asesinando por vaquitas.)

O de mirarme ahí, donde la moneda mira el modo de quedarse para siempre en el lugar húmedo y postizo, como muelles. O como si eso significara *vámonos*.

Y no que yo quisiera decir algo con eso, no que yo quisiera irme. Acaso, enunciar la presencia de tu abuelo y decir: *Mira, una cáscara roja.* Palabras para ejemplificar que sigo aguardando esa agüita ardiente que no pedí y que tanto me recuerda a las abejas y a su ataúd medio azul, medio de huevo.

"Acorazados, empedernidos" —tradujo.

Ahí, donde ya era de noche y tu abuelo era mi voz.
O eso rojo que *germinaría*.

You told me: *My silence is mine*, but I was already thinking about scorpion eggs. And speaking of scorpions I think about that scene where they'll free, exactly, one dead bird to a Vedado Street.

> *I, who persisted in writing those names, like you all even existed.*
> "My island was the submersion" —she translated.

There, I remember that my island was a radio transmission. Her spying us closing all the wooden doors. She nocturnal cakes playing early bird even when early birding doesn't mean seeing gardens with statues or accepting my two liquid coins so that you would take the dream taxi that a girl told me I had—that girl we were, in the apple garden.

(It was a garden murdered by ladybugs.)

Or to look at me there, where the coin sees the way to stay forever in the false rainy place, like piers. Or like if that meant *let's go*.

And not that I wanted to say something with it, not that I wanted to go. Maybe, to state your grandfather's presence and say: *Look, a red rind.* Words to illustrate that I'm still waiting for that scalding tea I didn't order and that resembled both the bees and your half blue, half eggshell coffin.

> "We're armored, we're hardened" —she translated.

There, where it had already gotten dark and your grandpa was my voice. Or that red thing that *will germinate if.*

Porlock

Lo que germinaría sido red, redes que contuvieran
estas palabras en otra.

Otra espalda en lo desnudo.
Otras medusas pétreas.

> *Yo quiero eso.*
> *Lo que un pez es.*

Había un poema ya de quién, que lo decía.
Había un poema en el mazago.

En tu cabello.
En un país.

Pero perdí el collar en las raíces del durazno.

> *(Raíces: sillas de mar donde él me guarda en vientre, yo*
> *siendo la estrella.)*

Y entonces fue

alto mirar hacia el anillo;
astro que ardiente madrugara;

algo o gota amurallando, algas desleídas de cabeza;

Porlock

What will conditionally germinate been web, webs that might have
    comprised
these words in another.

Another back in the nude.
Other petrified jellyfish.

                I want that.
                What a fish is.

There was a poem just now whose, that told it.
There was a poem in the roe.

In your hair.
In a land.

But I lost the necklace in the roots of the peach tree.

        *(Roots: beach chairs where he keeps me in womb, me
        being the star.)*

And then it was

tall to see towards the ring;
star that scalds early birding;

object or drop walling off, algaes dissolved in head;

su voz; bosquecitos de piedra en pieles azul y cajas negras con su lazo siéndome, en el castillo de hielo bajomar donde ya habito.

Vámonos.

Que significa: *Aquí.*

its voice; little rock forests on blue skins and black boxes with their bows being me, in the ice castle under the sea where I live now.

Let's go.

Which means: *Here.*

Ne'erthelesslan'

Una casa deportada entre azahares que el silencio sujeta doméstico el listón, y su manita dulce: *Mañana / será otro día.*

En nudillos lacrados al calor de la cuna, el nombre del hijo así va creciéndome en el muro:

> *Mamá así se cose una sombra así me va a cambiar*
> *también el nombre cuando crezca.*

Y se va, el alacrán por un pliegue de mi falda moscovita, resguardo de frentes rapadas en botellas de verde vidrio —*iluminado.*

Así era el tiempo en que el niño me besaba con un hielo en la frente y me decía *mi cielo*:

> *allá hallarás*
> *en la playa otra tortuga.*

Para nada digerir. Donde *Zebranivem* era, no su nombre en un aullido que legó a la medula espinal, a la cariada en su cetro evasivo, a su trono en la *focinha*. Donde fue su cara que trajiste en un plato de unicel, *pulcrísimo*. Donde esto era una pila bautismal. Donde esto era concretamente *un acto*.

¿Y tú? Me habías dicho que eso era El Mundo. ¿Pero quién tenía dedos para contarlo? ¿Para deletrear esa ristra de aleteos?

¿Pero qué vas a decir?

Ne'erthelesslan'

A deported house between orange blossoms where silence binds the ribbon domestically, and her sweet hand: *Tomorrow / is a new day.*

In knuckles sealed by the cradle's heat, the boy wrote his name on the wall and it grows on me:

> *See Mom this is how you sew a shadow so it will change me*
> *and my name when I grow up.*

And there it goes, the scorpion, into a fold of my isinglass skirt, shelter from bald heads on vitreous viridian bottles—*illuminated.*

That's how it was the time the boy kissed me with ice on his forehead and said *dear*:

> *you're going to find there*
> *on the beach another turtle.*

To take it in for nothing. Where *Zebranivem* was, not his name in a howl I handed down through his spinal cord, from his evasive scepter's rot to his throne in the *muzzle*. Where it was his face you brought on a styrofoam plate, *just so*. Where this was a baptismal basin. Where this was concretely *an act*.

And you? You told me that was The World. But who had the fingers to count it? To spell that string of wingbeats?

But what will you say?

El prototipo de aliviar la jaula de mi cuerpo en ocho corazones exactamente hallados, y ya en el mazo habidos.

(Que volar no existe tampoco esa palabra.)

The prototype to alleviate my caging body found in exactly eight hearts, and they were already in the deck.

(That to fly doesn't exist and neither does the word.)

Mialegría

Tú no sabes volar y ya no quiero ya no quiero ver caballos bailar en su caja verde látigos y lengua ya no quiero dibujar (pequeñas jaulas en la pared de polvo) ya no quiero sumergir seis leguas de mar bajo párpados postizos, no, la memoria de ése en fuego abierto diluir la sin caracola la sin mar sumar silencioso que domina diez palabras que no fueron aquí ni casitas en el árbol ni zapatos al revés como alondras metálicas ni alondras con el párrafo de su costilla abierto como *góndolas de luz*.

Ni mi alondra modorrita en mi miseria más mimosa.

Ni mi lastre de ríos en cuatro números dos meses y un pastel azul a la justa medida de mi boca galopar (mi galopar naranja) en mi boca galopar su galopar ardor su ensillar la maravilla en la abocada: cuando yo y mis nueve años mi vestido casi verde cuando yo y mi minuciosa lentejuela cuando organicé (diez fiestas de cumpleaños) para recibir listones que pudiera calcular que pudiera dividir que pudiera resolver (que *Nomeolvides* significa *Nomeolvides*) que pudiera recordar cuando Lidia se sentó (a la orilla de mi cama) y dijo algo que su osito derrumbé y dijo algo que su primo me miró (el cabello dividido en dos crenchas perfectas) revelándome mi nombre (Amalia, Lidia Amalia) quien cuando al tirarle mi monito mi álbum mi calculadora me brindó el tercer matiz del *ardo* exacto y los *saldívares*.

(La isla que nunca, amor, ya nos separaría.)

Minejoy

You don't know how to fly and I don't want anymore I don't want to see horses dancing in their green box whips and tongue I don't want to draw anymore (small cages on the powdery wall) I don't want to submerge six leagues of ocean under anymore false eyelids, no, the memory of it on an open fire water it down the no seashell the no ocean that sums noiseless dominating ten words that weren't here and weren't little tree-houses or shoes on backwards like metallic larks neither larks with the paragraph of their ribs open like *gondolas of light.*

And not my sleepy lark in my most cutesy misery.

And not my scraps of rivers in fours two months and a blue cake poised perfectly at my mouth gallop (my orange gallop) in my mouth gallop their gallop ardor their saddle the wonder in the exposed: when I and my nine years my greenish dress when I and my tiny sequin when I organized (ten birthday parties) for the ribbons I could calculate I could divide I could resolve (that *Forgetmenot* means *Forgetmenot*) that I could record when Lidia sat down (at the edge of my bed) and said something about her teddy bear toppled and said something about her cousin looked at me (the hair divided in two perfect parts) revealing my name to me (Amalia, Lidia Amalia) who when I threw her my monkey my album my calculator toasted me the third nuance of the precise *burn* and the *Saldívares.*

(The island that will never, love, tear us apart again.)

Praga hotel

Y había armas largas. Calcetas que amarrabas de bandera al capitolio. Luz marmota y había un colibrí (posiblemente) en la punta donde vimos las *muscae volitante*.

Y taxis redondos como víboras, camellos remendados de alazanes, y un burro bebé, ya diez horas a la sombra.

(Ahí, ella pidiéndome tirar la fotografía. No a ella sosteniendo al Che, sino a sus tres pestañas.)

(Ahí esperamos en el lobby el frappecito en gajos, al hombre negro de Barandalilla que nos iba él a llevar a *la cúspide del troeno*.)

Y yo, que pensaba en mi hermano haciendo té, todo el viaje.

(Yo que nunca quise saber nada de las diez horas de un caballo tras otro y su hija y su tubérculo cocido. Yo que sólo quise ser esa *mínima quietud abriéndose ventana*.)

Pero fuimos, aún así, donde iba muerto el marakame que la leva aupada en la médula tenía y tenía el casco y tentaba el gordolobo.

Y su flúor en cinco esferas para sujetar el colmillo de la voz, lacraron la monita.

▣

Días antes fijamos un trébol en cada torre. Cada dedo era amarillo y me

Prague Hotel

And there were long arms. Socks you tied flaglike to the capitol. Marmot light and there was a hummingbird (possibly) at the tip where we saw the *muscae volitante.*

And round taxis like vipers, camels darned with chestnuts, and a new-born donkey, already ten hours in the shade.

(There, she begged me to take the picture. Not of her holding Che, but of her three eyelashes.)

(We waited in the lobby there the layered frappe, for the man from Barandalilla who would guide us himself to the *peak of the privet.*)

And there I was, thinking of my brother making tea, the whole trip.

(Me, who never wanted to know anything about ten hours of one horse after another and her daughter and her boiled turnip. Who only wanted to be that *low stillness opening its window.*)

But we went anyways, to where the Marakame who owned the cam lock died, the cam lock lifted in the spinal cord, the Marakame who belonged to the hull, and brushed the mullein.

And her five spheres of fluorine to pin the voice's fang hurt the kid.

⬚

Days before we put a four leaf clover on each tower. Every finger was

hablabas de las cebras. Yo, estacionada en la catedral armando aviones de cartón, de piedra no fue el tiempo para hallar diamantes o de usar sombreros o decir su nombre.

Había (eso sí) un murciélago casi dormido y un ruido rojo. La comisura de la falda temblaba sin embargo cuando mi hermano se llamaba Amiel y el té me lo servías caminando una y otra oquedad asimiliada amiga.

(Ahí, me hallaste el pelaje para abrirme las manos con tu espalda vuelta al muro.) (El muro de celofán en el pueblito que, sobra decir, nunca visitamos.)

Esos fueron los días.

Luego tu mamá te reingresó y te casaste con tu hermana. Todo para ver si así yo te llevaba dulces de esos dos años a la boca. Todo por que yo te viera adormecer toda la tarde ante la estatua del jardín, diciéndome: *Quiero ese volcán, quiero ese jardín.*

Diciéndome: *Y dame ya su mano, asada en las Termópilas.*

▦

Así la raíz de su nombre me lo ibas a dictar.

Donde tú lo acunabas, Merlín. Donde tú le dedicabas al calce pequeñas nacaradas dotaciones de vaquitas negras. De plumas bien a bien moradas otorgando una foto, o dos, al fondo, y sin enviar.

> *Acá amansaremos sol y gris. Su nombre: dos*
> *bucles raídos, de tan dorados.*

yellow and you talked to me about zebras. Me, stationed at the cathedral arming cardboard airplanes, stone airplanes there wasn't time to find diamonds or use hats or say his name.

There was (however) a bat close to sleep and a red noise. The corner of my skirt shook even when my brother went by Amiel and the tea you served me while walking arm in hollow arm, resembling friend.

(There, you found me the type to open my hands with your back to the wall.) (The plastic wrap wall in the town that, needless to say, we never visit.)

Those were the days.

Later your mom readmitted you and you married your sister. Just to see if I would hand feed you those candies for two years. Just so I would see you sleeping all afternoon in front of the statue in the garden, to say to me: *I want that volcano, I want that garden.*

To say to me: *Now give me your hand, roasted in Thermopylae.*

◫

So you were going to dictate the root of his name to me.

Where you rocked him, Merlin. Where you gave him little pearls to wear herds of little black cows. Made of very purple feathers offering a picture, or two, in the background, and not sending them.

> *Here we tame sun and grey. His name: two*
> *frayed cables, so golden.*

Dorado el artefacto de asirte a tu cabeza al morir mejor cada mañana y no ya desdecir el brillo repetido. Y no ya desdecir el cauce de la lumbre en serpientes que han de volver, ya viéndose a los ojos en la esquina o donde vimos su palabra *azul*.

(Y que podía ser *Hanoi* o cualquier otra.)

> *En un fondo celeste, su nombre recortado*
> *en azul, medio hombro descubierto.*

Ahí, la cicatriz con su montaña de velos que entreabren a la franja superpuesta del "fruto" de "durazno." Su *fronda aleve*. Su arma aromada así de lila.

(Como cuando al disparar
ya te descorría el hilo de la noche, de tan novia.)

▣

O acaso ese fragmento de ventana desligándose,
y dorado. (Todavía.)

Gold the mechanism of clinging to your head to better die every morning and not second-guess the periodic brilliance. And not second-guess the bed of light in snakes that will return, now seeing each other's eyes in the corners or where we saw his word *blue*.

(And that it could be *Hanoi* or anyone.)

> *On a sky-blue background, his name cut*
> *into the blue, half a shoulder uncovered.*

There, the scar with its mountain of veils open a crack at the edge overlapping the "fruit" of the "peach tree." Its *treacherous foliage*. Its armory's lilac aroma.

(Like how when shot
the thread of the night already spooled it, bride-like.)

◨

Or maybe that piece of window cracking,
and gold. (Still.)

Nevada

Diluirse en amarillo hay navajas. Cáscaras de piel digital. Diez fragmentos de labio a la mesa. Seguí. En zigzag de ecos anegándose, su sístole. Y así, sucesivamente, en el lugar de las alas, siegas, como ojos tan míos la oscuridad que es palpable, ese resplandor en todos sus rostros azul, donde la sola cara que no muestra, como un sol inrotatorio, ahí, la pupila se queda y se pudre, faz y nada ante la sombra de una recta incandescente.

Ése espacio.

Ni índices mimetizando al polvo del cristal, ni dos letras al revés unidas por el vaho. El halo intermitente no es la telaraña. No un cabello suspendido ante la memoria de la antigua, la ahogada en Lacio.

Esa cabeza, al fondo del ojo.
O allá, Casa De Enfrente.

Donde un triángulo de lo mismo vibra y fibrará, en su ruta simultánea a los niveles del tejido (y diré *maravilloso*) del viento amurallado. Esa leve geometría, que el hueco es sierpe y el eco enerva en transigir sin diástole en su runa de *no hay lado de, ni alado y todo es ascender y es segadura.*

Sí. Y nada de esto *es* (sólo es cierto) que decrezco entre cables y violetas, yo a la mesa diluyendo en lo del sol su esférica nieve en contra que aludes blanca, austral, definitiva:

Snowfall

There are razors dissolve it in yellow. Carcasses of digital skin. Ten pieces of lip at each table. I followed. A flooding echoed zigzag, your systole. That's how, one after another, instead of those wings, harvests, the palpable darkness like eyes so mine, that radiance in all your blue faces, where the only face you don't show, like an inrotating sun, there, the pupil stays and rots, does and undoes before the shadow of an incandescent straight line.

That space.

Not index fingers mimicking powdered glass, not two backwards letters connected in the condensation. The sometimes halo is not the spiderweb. Not a hair suspended in the memory of the old woman, who drowns in Wilt.

That head, at the back of the eye.
Or there, House Across the Street.

Where an identical triangle vibrates and will fibrate, on its way to the woven heights (and I'll call it *amazing*) of the wind breaking weaving. That gossamer geometry, that the hole curves and the echo unnerves in transiging without diastole in its *there's no side, no winged and everything is ascension and is sicklesafe* rune.

Yes. And none of this *is* (it's only true) that I shrink between cables and violets, me at the table dissolving in the sun stuff, your snow globe and you against it allude white, austral, final:

Sí es derramar. Sí es raíz su fruto. Nave.
Si es láctea excavándose, las eras.

(Su galaxia hilar.
Donde tú desvistes.)

It is to spill. Your fruit is a radicle. Ship.
If it's milk that's digging at you, you'll have been them.

(Their spin galaxy.
Where you undress.)

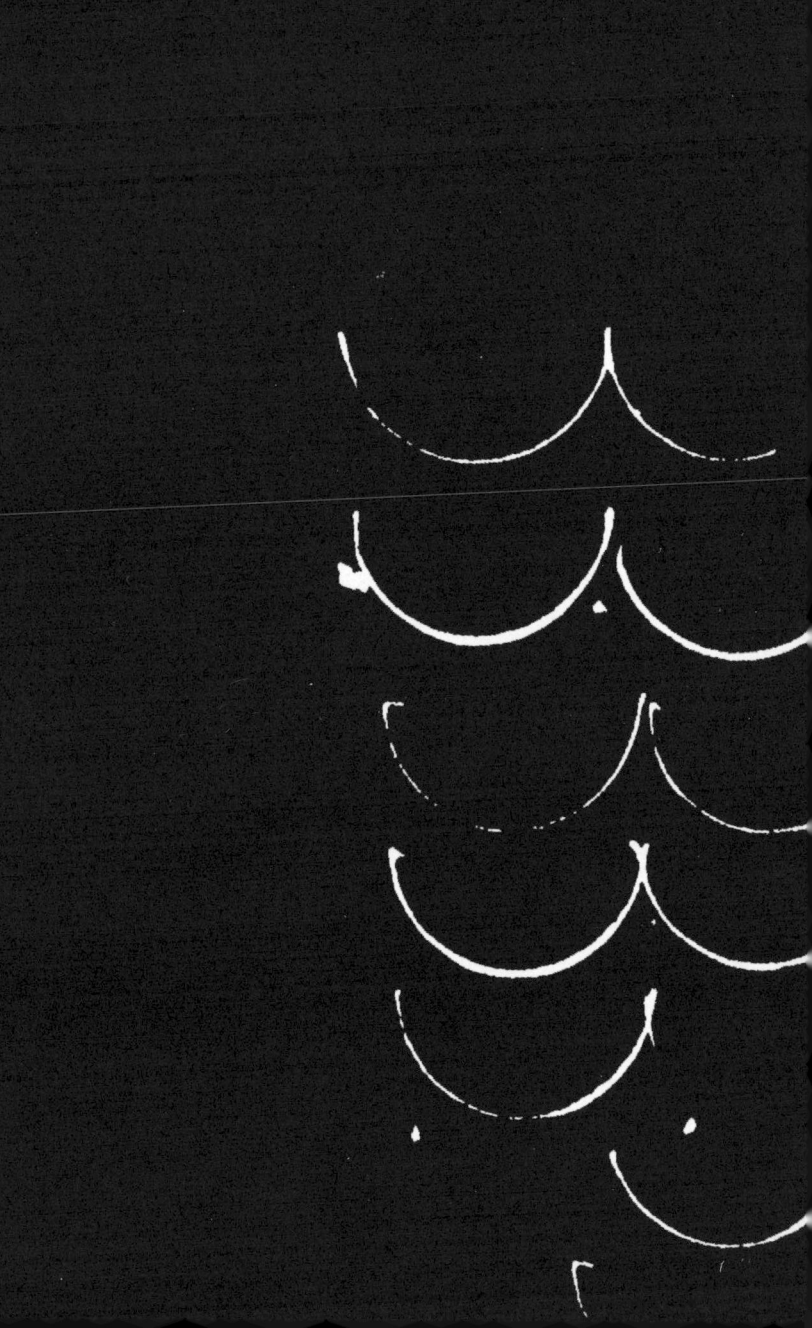

Box for Labeling the Drinkable Part of a Blown-Glass Apple

Caja para rotular lo bebible de una manzana con cuerpo de vidrio

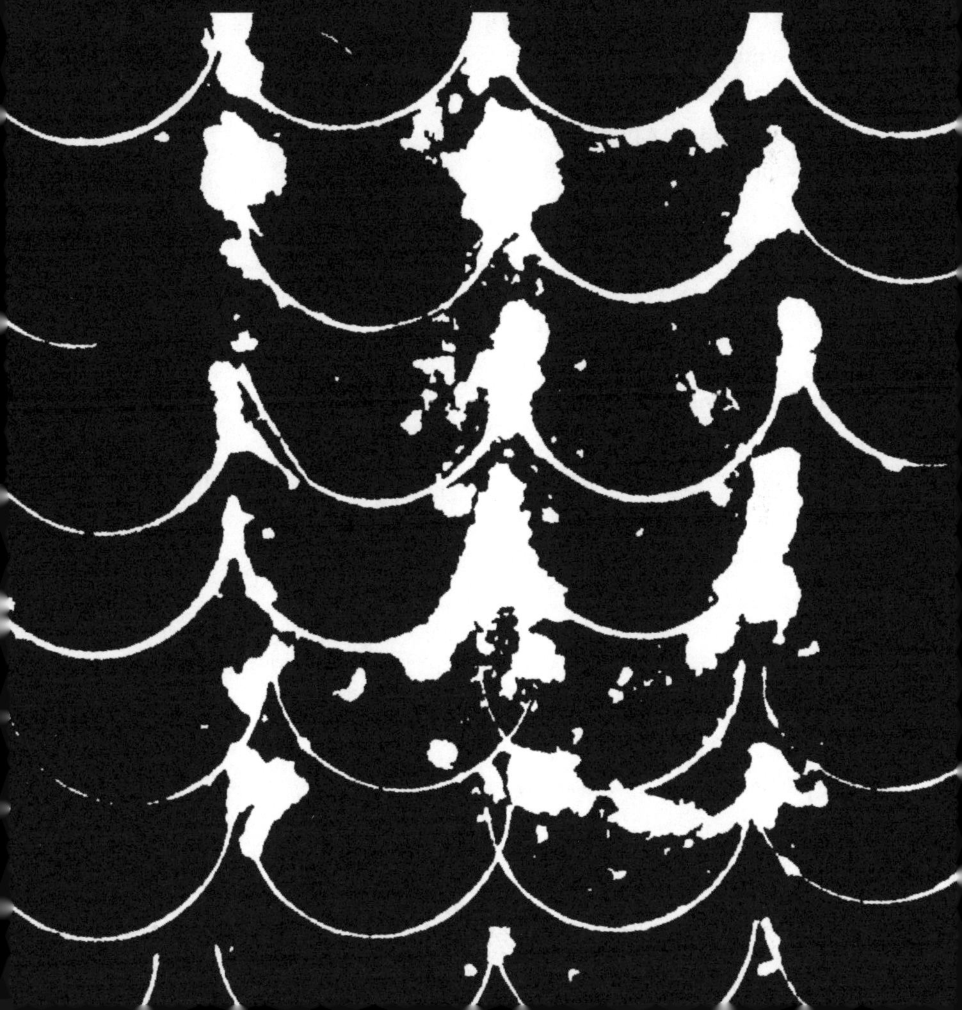

Sección de adoradores nocturnos

1. Vadodetol

▣

Decir *antelacustre*
impala donde la hay y luz así no inquiere.
Dije a mí, y de qué calaña.
Árbol fue, o así epitafio.
Optando, punto a punto y cada palmo
uña-andamiaje, prez calcante

a lo través.

O era un *macaco*, lente oscuro
algo azul en soles verdes: *Luna Armadilla*
¿dije a lo lejos?

—envainándose—

en la caja, oh musical, donde vértigos-postigos
ciclo o pez multiplicando.

(Si ave o pez multiplicando me legaran
Dido o Una, a mí sea.)

Y pértigas al pie su cuyo anzuelo
acariciar.

Section of Adoring Nocturnes

1. Fordoftol

⊞

Say, *prelacustrine*
impala where it's at and light so it won't inquire.
I told myself, and told myself what kind.
It was a tree, or, just like that, an epitaph.
Opting, fingertip to fingertip and each handspan
fingernail-scaffolding, copycat honor

through and through.

Or was it a *macaque*? dark lens,
something blue on green suns: an *Armadillo Moon*
I called from far off?

—sheatheitself—

in the box, oh musical, where I cycle
vertigo-shutters or multiplying fish.

(If multiplying birds or fish
heired Dido or Una to me, then let it be me.)

And fishing poles at their feet, whose hooks
caress.

◨

Es lo que podría pronunciar. *Con el solo calor de lo que solecía, en un haz de ver lo que yo en punto.* Alto abaloriar durante la estancia. (Abolición.) Todo uno ahí, arborecía. 1x. Simulacro del sólo y del levísimo tatuaje en el lugar de la ladera.

◨

O: *Calcar azul es fondo raído en fraguar horizontales sin teñir su color verdadero.* Así. (La teoría cromática no existe si hablo así, pero no diré que llueve: ya es bastante cerradura.) Y si es verdad que una espiral vislumbre asombrando entreverar su escala, nada que escribiera yo vería —su *lo* que es a la vez *ya,* en lo que dura: el momento de discernir lo roto a ritmo con la gota *estalactante* y nunca eclosión de lo que sí, de lo que *contraespejo al sol, aluminiaría.*

(Lo de *iluminarse* traería a cuenta otras cosas, y no. Habitar hasta aquí, hasta que las aguas dimanen, no significa que yo también me he llamado de algún modo ante el río.)

Dije *abolir,* y un tejar se reveló visto a lo lejos, y a dos aguas.

Áporo. O no sé, que aún dicho a dos voces, carecería refrendar: *Si el agua existe es porque el río sueña —encanecer— frente al punto que hace centro desligando en cardinales: ocho ruedas que bifurcan y en perpendicular, verde.*

Ámbar, ya sabemos, es lo que guarda el corazón de un animal para que diez siglos antes o después venga alguien a escribirlo en tinta roja y esporádica.

It's what I could pronounce. *With the solitary heat of what sunned, in a beam, to see what, exactly, I.* Tall trinketing during the stay. (Abolishment.) Each one there, arborized. 1x. Simulacrum of the only and lightest tattoo in place of the slope.

Or: *To copy blue and not dye its original color is a threadbare slip in forging horizontals.* Like this. (Color theory doesn't exist if I talk like this but I won't say it rains: it's already lock enough.) And if it's true that a spiral shines astonishing amalgamate its ladder, I wouldn't see anything I write—the *what,* simultaneously *now,* in what lasts: the moment to discern the broken-in rhythm with the *stalactitic* drop—and never hatching what indeed, what from *the reverse image of the sun, would aluminate.*

(The stuff of *luminesce* will bring to bear other things, and won't. To inhabit this until the waters flow doesn't mean I've somehow called myself before the river.)

I said *abolish,* and a clay tiled roof revealed itself in the distance, gabled.

Aporo. Or I don't know, that even repeated, it would lack authority: *If the water exists it is because the river dreams*—to go gray—*at the head of the point that centers untying in cardinals: eight wheels that bifurcate and in perpendicular, green.*

Amber, we know, is what guards the heart of an animal, so that ten centuries after or before, someone comes to write it in red, sporadic ink.

Ejemplo: *El mar se llamaría isla si fuera de verdad.* O: *Sábanas que cuelgan vestidas a lo lejos de nubes o fantasmas.*

Todo eso existe más allá del muro rojo.

Y sin afán de *recalcar*, lo digo. Si tres de mis pestañas (nunca menos) colindan de tanto en tanto —y llamándose igual— será sólo por ver, a través de mis propios ojos, lo que no son. Afirmándome que todo sigue, tan cabalmente, sin existir.

⊡

Blátido.

Polvo blátido su cabeza llamó aldaba
espirámide derruida, amazona su desliz

efervescente

simultáneo abismo confrontando albadas

siluetas distintas
en su *alígera tenencia.*

Aquí diría su cabeza.
Aquí diría: *Su cabeza me aluvió.*

(Construyendo el caracol
en el año '39 y banderitas dulces.)

Example: *The sea would have been called island if it were the truth.* Or: *Sheets that hang dresses far from clouds or ghosts.*

All of that exists beyond the red wall.

And though I don't want to *overdo*, I'll say it. If three of my eyelashes (never fewer) tangle once in a while—and still and all—it would only be to see what they're not, with my own eyes. Affirming that everything follows, so exactly, after being.

⊞

Blattidae.

Blattidae granulate his head rang the doorbell
demolished spiramid, riding his affair

effervescent

simultaneous abyss confronting belldoors

distinct silhouettes
in his *lightened possession*.

Here I might say his head.
Here I might say: *His head flooded me.*

(Constructing the snail
in '39 and candy flags.)

Su camisa oxitocina.
Su cerbatana-pólvora.
Su ocultísima-humedad.

Oh Babar, detén el árbol.
(Pero no era la cabeza de Babar.)

Y sí dije *lenitífera*.

Sí lomo mudo 1 a 2.
(Se le dice lomo mudo.)

Sí, su boca, un libro siempre
ha vierto.

                    (Mi cabeza un halo.)
                    (Una luz color cabeza.)

De ángeles cifrando
sus aviones

en las dunas

cuando Dunehill era aquí. (O la anag-
nórisis de la guanábana.)

Cuando cercenamos, ayer,
la caja negra.

No tu motor-número-mandorla.

His oxytocin shirt.
His blowgun-powder.
His most occult-humidity.

Oh Babar, hold the tree.
(But it wasn't the head of Babar.)

And yes, I said *lenitiferal*.

Did, mute spine 1 to 2.
(It's said mute spine.)

Did, his mouth, a book that's always
opened.

                    (My head a halo.)
                    (A light the color of head.)

Of angels calculating
their airplanes

in the dunes

when Dunehill was here. (Or the anag-
norisis of the soursop.)

When, yesterday, we slit
the black box.

Not your motor-numberized-mandorla.

No mi hélice licántropa que te amordía
cuando cercenamos bienvenir

puertos nocturnos.

            (A su izquierda
            el divinísimo volcán

            nevado.)

Su nombre de cabeza.
Su nombre de cabeza en algodón.

                    ⊡

Belfos.

Y fraguas cuajante lo que ahí abolí

el entreardor

de un vuelo horas antes o después
del mío, quedando ya

en golosinas derramada

con un dragón que vuelve, con pelitos
con un armario verde, vista al fondo

con atajos a tus ojos

Not my lycanthropic helix that bit you
when we slit to welcome

nocturne ports.
                            (To your left
                            the snowiest volcano

                            divine.)

His name turned on its head.
His name turned on its head in cotton.

                              ▣

Underbite.

And you forge whole what I abolished there

the betweenardor

of a flight hours before or after
mine, meeting up

on spilled candy

with a returning dragon, with fuzz
with a green suit of armor in the background

with back alleys to your eyes

(parecidos
a tus ojos)

y aquella farsa de medusas
que entre brazo y brazo adquiere

la dimensión de una alfombra
diminuta de vidrio

su espinazo envuelto en aerosol
su musgo simulado

(la palabra *musgo*
abonándome)

a una fronda aromada de arrullos

abonándome yo en el agua parecida
abonándome dormida en la corona

que en el hueco entre dos vientres más
o menos alzados

las cabecitas hermanaran
sin previo aviso de

algo que dejara lugar

(una mecedora que levita
en esa sombra cayendo

(similar
to your eyes)

and that mockery of jellyfish
that acquires—between arm and arm—

the dimensions of a miniature
glass carpet

its spine wreathed in aerosol
its moss pretend

(the word *moss*
fertilizing me)

under foliage aromatic with murmurs

fertilizing me, in the water I akin
fertilizing me, asleep in the garland

that in the gap between two fetuses more
or less lifted

the little heads may have twinned
with no warning that

something will make room

(a rocking chair that levitates
in that falling shade

y que es)

ese rayo a la una de la tarde
también aún sin mecedoras.

Y todavía venírtelo a escribir
en anticuerpos para demorar

su amarillo crápula en la sombra caliente.

◫

Aguanieve,

menta, miel
de hieloseco, lluvia

son los estados
de la materia gris.

Pero tampoco te diré cuando el otoño

su voz barrenando
su copo de nieve hasta el concreto
su ave de apotegmas

ríspidas.

Tampoco te diré cuando un invierno
saboreando el fruto de

and is)

that ray at one in the afternoon
with no rocking chairs, still.

And still write this to you
in antibodies, to delay

your deadbeat yellow in the hot shade.

⊡

Sleet,

mint, honey,
dry ice, rain

are the states
of gray matter.

But I also won't tell you when the fall

its voice drilling
its cup of snow up to the concrete
its bird of apothegms

coarse.

And I won't tell you when a winter
savoring the fruit of

sus nudos

—años de rugiente mermelada
suave, tampoco que el verano—.

Ni entreactos de la hojuela y el salterio
o la escrutabilidad de

su oranjuela.

Su exacta *lasitud*
unguial, tampoco te diré.

Ni nuestros dedos
ni la casa donde fui

yo y mi pie en el piso de gas
lo que para siempre mirarías:

la esquinita ganadora también donde las brujas
y un equipo de esponjado aldebarí

(su estalactita eréctil)
surcaba paredes delante.

Ni que pasamos estaciones coronar
de nueve a algo.

Si mi primavera era decir

your knots

—years of roaring marmalade
smooth, or that the summer—.

Or leaflet intermissions and the psalter
or the scrutability of

its little, ugly amanita caesarea.

Its exact *unguial*
lassitude, I won't say either.

And not our fingers
or the house where I went

me and my foot flooring the gas
you forever eyeing me after:

also the winning corner where the witches
and a team of fluffy Aldebari

(its upright stalactite)
the walls opposite scored deeply.

And not that we passed seasons to ninely
crown something.

If my spring were to say

otra orden
de maravillante crema

su plasta de maíz
azul encocoada.

Y que te fuiste
o yo me fui

mientras el cielo se rayaba casi como aquel
cielo en los veintes

cuando usabas una pluma (en el sombrero)
y yo deseé

que aquella finta de palacio
fuera el que no vimos en *Checoslovaquia*

y no

la reliquia del balneario, que nadie
al pasar por las turbinas-cambiadores,

miraría.

Extirpando su color, siquiera.
Su traza de pelo.
Su éter de medio siglo.

Que sí, aún y todo fui yo

another order
of marvelous cream

its corn mush
encorkled blue.

And that you left
or I did

while the sky dawned almost like that
sky in the twenties

when you used a feather (in your hat)
and I wished

for that feint of palace
to be the one we didn't see in *Czechoslovakia*

and not

a relic of the public pool, that nobody
passing by the turbine-changing-rooms

would see.

Extirpating your color, at least.
Your hairy looks.
Your mid-century ether.

That yes, still and all it was me

la que sí, aún y todo, *te adoraba*

—por decir algo sólido.

Como que un pajarito
se suicida de la torre.

Y el cableado *permanece*.

2. Owerofbab

▣

Donde un círculo-espejo presenta la actitud
de rojo en la grimoria.

Árboles en la memoria el círculo a donde irán
los *árboles* cuando crezcan.

No obstante la trepanación
(de la estrella)

en el punto exacto que busco
al fondo de mi cuerpo.

No sé si del color de la noche
o en el estiramiento de un verde traje de coctel

que me conminaría en polvos, manos

who yes, still and all, *adored you*

—for saying something solid.

Like that a little bird
suicides from the tower.

And that the wiring *lasts*.

2. Owerofbab

□

Where the mirror-circle features the attitude
of red in the grimoire.

Trees in memory the circle where they'll go
the *trees* when they grow up.

But the trepanation
(of the star)

at the exact point I'm looking for
at the bottom of my body.

I don't know if, from the color of the night
or in the stretch of a green cocktail dress

that will summon me in powders, hands

de chango —pigmaliónicamente.

O decidir un collar más extenso:
¿Cuándo he de recordarte?

Sumisos al escaparate pluvial

así su baba trasluciendo
así su armario de calor.

Donde un graffitti en lodos ya empezara
por fingir tu nombre.

⊞

Séfer, el libro que no te escribí.
Séfer, la maleta.

Su armadura bicolor
de plástico vencejo

cifraría a las gladiolas.

Su trajecito de urticaria y plexiglás
que decías *sin poema*
que decías *pastas*

secrecían ahí el foie gras
bailándola a la sórdida, al gravy.

of a monkey—pygmalionically.

Or to decide on a more ornate necklace:
When should I remind you?

Subs to the rainy shop window

so your drool showing
so your heat armory.

Where a graffitti in muds might already be going
for faking your name.

❏

Sefer, the book I didn't write you.
Sefer, the suitcase.

His two-tone plastic
armor chimney swift

would decipher the gladiolas.

His little urticaria and plexiglass suit
that you said *without poem*
that you said *dust jackets*

they secreted the foie gras there
dancing it at the squalid, at the gravy.

Al gravy donde gruñen saltamperios
y decís: *Yo soy así.*

Y decís: *Yo no sé hablar* —significando *Yo*
perdí mi anillo por otro halo de algodón.

E incluso, camellones. ¿O lo imaginé?

Que apilábamos aún dulcecitos, recabábamos
bengalas

en la palabra *bienvení*
en la palabra *adorar*
en la palabra *seccionáte*

la punta de la lengua,
intacta:

        ennocturnecer.

Que era decir, su corazón
de aguacate.

Que era decir, en semicírculo
de las que tú entreviste

luengas, ni
su clúster, su botón

At the gravy where vaultamperes groan
and you say: *I'm like that.*

And you say: *I don't know how to talk*—meaning *I
lost my ring for another cotton halo.*

Or even, camels. Or did I imagine it?

That we even stacked up little candies, gathered
sparklers

in the word *welcome*
in the word *adore*
in the word *dissociate*

the tip of the tongue,
intact:

                    ennocturnate.

Which was to say, your avocado
heart.

Which was to say, in a semicircle
of those you interviewed

at length, and not
my cluster, my button

pudriéndose
y brillosísimo, ahí.

◫

Y esa secuencia tras mallas ciclónicas
con su

telaraña titilante traslucir

desde un Gran Vidrio
que sólo yo veo

y mis ojos que lo miran.

En la miel de ese color, doble
doblemente espectral

su química pentagónica envuelta en fases de
coronamientos nocturnos —los niños

exclamaban.

En fantasmas a la voz de otro cilindro.
De otro líquido a la vuelta de su tránsito.

Su líquido (ya dije que su cuerpo)
como una amanatista dulce

mitad gris, mitad cualquier cosa.

rotting
and brilliant, there.

◫

And that sequence behind cyclonic mesh
with your

twinkly spiderweb revealing

from a Great Glass
that only I see

and my eyes that see it.

In the honey of that color, double
doubly otherworldly

your pentagonal chemical mixed up in phases of
nocturnal crownings—the kids

yelled.

In ghosts on vocals of another cylinder.
Of another fluid almost at its transit.

Your fluid (I already said that your body)
like a sweet amaranthyst

half gray, half anything else.

Y era aquí que un ángel de cerámica
le hablaba al micrófono:

Nada de mí, sino Anthrax en las yemas. Polvo-
Ámbar. Dedos-Dimisiones —los niños
exclamaban, pero hablaban del dolor.

Bien cerradas las colmenas
calle arriba en polvitos de invisual

hablaban del color.

Y era tan galáctico, decían
pero hablaba La Oranjuela.

◨

Pero venía diciendo.

      (Mamá no sabe volar.)

Venía diciendo.

      (La Reina acéfala
      es la colmena.)

Y cerramos las colmenas.

Y dije el corazón de un aguacate.
Animales unicórnicos.

And it was here that a ceramic angel
spoke into the microphone:

*Nothing about me, but let's give it up for Anthrax in the fingertips. Powder
Amber. Finger-Resignations* —the kids
yelled, but they said the word *suffer.*

The hives shut tight
road above in invisual dust motes

they said the word *color.*

And it was so galactic, they said
but that was the Little Ugly Amanita Caesarea speaking.

◫

As I was saying.

      (Mom doesn't know how to fly.)

I was saying.

      (The acephalous Queen
      is the hive.)

And we lock the hives.

And I said the heart of an avocado.
Unicorn animals.

Y dije quiero nadarinas.
Y dije un cuerpo.

(Para mirar
cuando no hay noche.)

Entonces la pared se me viniera
encima, como espadas de cartón.

Dije catalizar.

(Su huevo azul celeste
en la mordida

CÁMARA DE GAS

la que ella nos contaba
cuando estaba por dormir.)

Pequeñamente
sucintamente

nos llevaron destrenzando
la boquita en aspas

y era tan radiante
que no cabría decirlo

era como allá que en la montaña
aún pastaban ovejitas

And I said I want tangerines.
And I said a body.

> (To see
> when there is no night.)

Then the wall would fall
on me, like cardboard swords.

I said catalyze.

> (Your sky blue egg
> in the bitten
>
> GAS CHAMBER
>
> the one she told us about
> at bedtime.)

Smally
briefly

they led us unbraiding
the little mouth on vanes

and it was so radiant
I can't put it into words

it was like over there that on the mountain
little sheep still grazed

concéntricamente

[...]

Y olía humo.
Y clausuraba el radiador.

Donde ya no adivinábamos
el nombre de otro al tú gemir.

(Sus barras verdinegras
en sucios mazapanes.)

▣

Stellatundra,

Albadune, Whiteout,
Zebranivem, Faloop'njoompoola.

—*Ingalaterra,* ella decía.

O cairel de abejas magras, *veliz*

noctífugo
en la punta de la lengua.

Darme lazos.
Darme tortugas.

concentrically

[...]

And I smelled smoke.
And they turned off the radiator.

Where we didn't guess the name
of another in your groan anymore.

        (Your greenblack stripes
        on dirty marzipans.)

                      ⊡

Stellatundra,

Albadune, Whiteout,
Zebranivem, Faloop'njoompoola.

—Engaland, she said.

Or a crystal bead of meager bees, a *noctifuge*

suitcase
on the tip of the tongue.

Give me loops.
Give me turtles.

Or a swirl of marron bees
at the "noctifuge" suitcase.

—*Engaland,* she said.
(Like an evolor.)

Y sus líneas explayaban
un rectángulo de vidrio dando pie

a algo con sol, una sombra de bicicleta
arellanándose oblicua.

        In the whole whale of what we mean.

Y espiráculos.
Y nudos.

        As the knight was falling his sword
        his word that was fall in

        my offspring, mummy.

Mientras un sarcófago de algas dividía
vendatorias de mi blusa en carabelas portuguesas

y penínsulas neón.

¿O serás tú Quien Soslaye
sus polvitos de cangrejo? —rió bravo.

O remolino de abejas marrones
en un veliz "noctífugo."

—*Ingalaterra, ella decía.*
(Como un évolor.)

And her lines rambled on
a glass rectangle resolving

into something with sun, a bicycle shadow
settling obliquely.

       In the whole whale of what we mean.

And spiracles.
And knots.

       As the knight was falling his sword
       his word that was fall in

       my offspring, mummy.

While a sarcophagus of algae pulled
huntsells off my shirt in portuguese man-o-wars

and neon peninsulas.

Or will you be the One to Dodge
its poleyn powders? —I (the river) laughed Brave.

Así, la vereda persistía
una a una, las migajas

la duración insaciable
la fronda
la pesquisa que no duda

—ciertamente—

cada tiempo en qué lugar
lo que yo supe.

Aquí, fundaremos una caja
negra, que se llame como a mí.

(Lo dijimos en voz baja.)

Allá
donde la nieve no se derretía, y el hielo

era dicho y sin los ojos.

(Otro día, en otro idioma.)

Como flúor.
Como humo.

(Como lo que dije entrelíneas
para sí saberlo.)

So, the path continued
the breadcrumbs, one by one

the insatiable length
the foliage
the assured inquiry

—surely—

every time in what place
what I knew.

Here, we'll build a black
box, named like to me.

(We said it in a soft voice.)

There
where the snow didn't melt, and the ice

was being said and without eyes.

(Another day, in another language.)

Like fluorine.
Like smoke.

(Like what I said between the lines
to know it for sure.)

Así superé el andamio
y caí cuesta arriba de mi voz.

Y no era yo, solamente, un trío
se unía al paisaje.

Arrojaron los velices.

Aquí es aquí mamá
y aquí es aquí.

(Él se hundió, él dijo sí.)

Al fondo
ya sólo la certeza de mi cuerpo

en la nieve disentía.

That's how I climbed the scaffolding
and fell uphill of my voice.

And it wasn't just me, a trio
joined in the landscape.

They threw the suitcases.

     Here is here mom
and here is here.

(He sank, he said yes.)

At the bottom
now only the assurance of my body

melted in the snow.

Box to Draw Itself
with Another Box Inside
Caja a dibujarse con una caja dentro

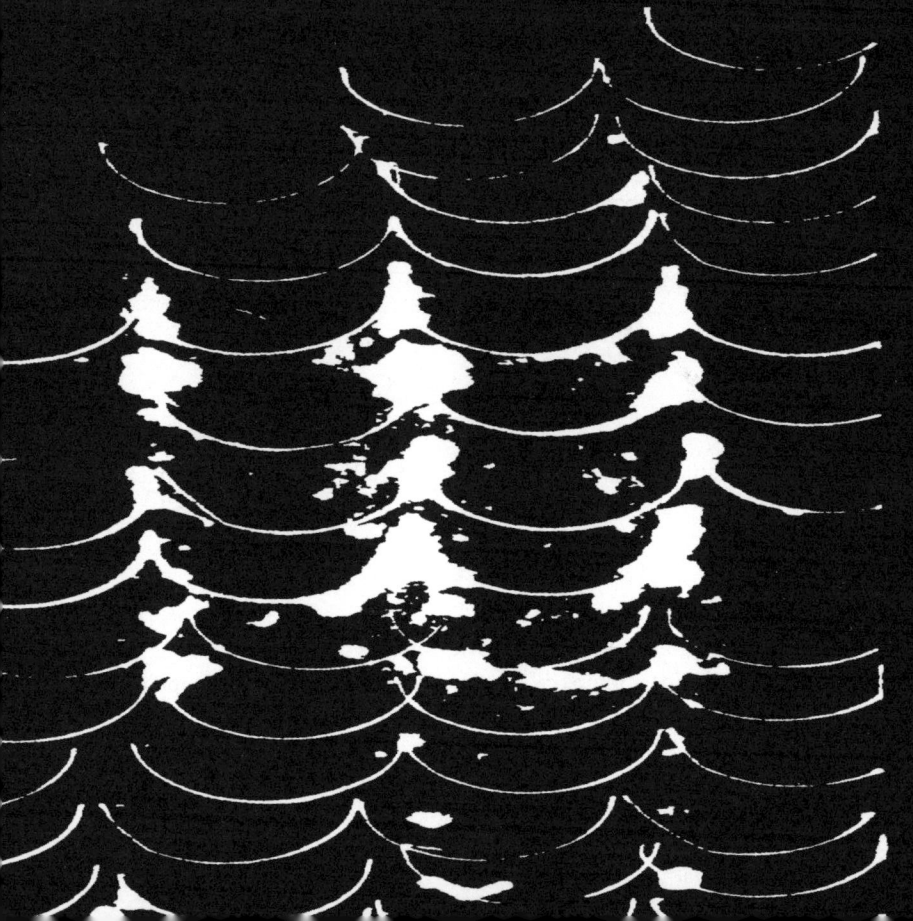

Zulliger[1]

L. 1

Su jarra de relojes consultaba un ataúd sin pies
robándome el sudor:

Salsipuedes.

Su cebra demolida.
Su cara de piedra.
Su rubio mielante.

El acerrín así palmeó
dilucidar bajo mi brazo olor sándalo y su duela japanese.

Diódoro en aimara
así se dice:

Su Cuerpo Echado

como una amanatista de cobre, y medio árbol viéndome partir hacia ya
muchas campanas

---

1. En esta serie se combinaron las tres láminas de la prueba con tres transcripciones de dos minutos cada una de diversas caricaturas en zapping.

Zulliger[1]

L. 1

Its glass face consulted a footless coffin
beaded me in cold sweat:

> *Salsipuedes.*

Its demolished cross-walk.
Its stone face.
Its honeyed blond.

The clapped sawdust
making sense of my sandalwood underarm and its tatami floor.

Diódoro (in Aymara)
says so:

> *Its Body Prone*

like a copper amaranthyst and a tree limb watching me go toward all
those bells

---

1.   This series combines the three Zulliger test images with three trans-
criptions of two minutes each, taken while simultaneously channel surfing
various cartoons.

brindando
su crepé pluvial:

> *Nadie Tenía Vocecitas.*

(Tampoco Benavides.)

Cuando *árbol* era una palabra y no nido de púrpura
su cola de prestigio eugenesíaco.

Cuando escalera era decir La Guerra Fría

y un castillo paginaba alimento para diez zorras silentes
en quijadas de almidón y leones mínimos.

Cuando muchachitas analfabetas disfrazadas de *armidón*
contemplaban un vestido en los arbustos.

Su lluvia rosa para armar
las 24 horas del día y de la noche.

Cuando nadie dijo *yo* y alcé
la mano, y dije:

Un venado es un venado.

> —Lámpara.

De guacamaya triste.
De león en jaulas entrevistas.
De horda de hombres amarillos y nubes a las seis.

cheers! to
its rain crepe:

Nobody Had So Much As A Whisper.

(Or Walgreens.)

Back when *tree* was a word and not a purple splotch
its tail, prestigious, eugenecist.

When a ladder meant The Cold War

and a castle foliated foodstuff for ten silent foxes
in the starched jaws of a miniature lion.

When little illiterate girls disguised in *starmor*
beheld a dress in the bushes.

Their rain was pink to assemble
the 24 hours of the day and night.

When nobody said *I* and raised
their hand, and said:

A stag is a stag.
                    —Light bulb!

Of a sad macaw.
Of a lion in cages, interviewed.
Of a yellowed mob of men and clouds at six.

En punto.

                Y ya no.

(Donde estás alcé una cueva.)

Lámparas o cueva, ángeles mirando
"telarañas" de "vidrio," donde estás alcé
las cuentas derretir y

mirándola el otoño.

Mirando la estación de los libelos
corazón armado de paja, su turbina es deliciosa:

                                    Mi Hermano Brazos Lenitíferos.

Mi hermano de crawl
surcando
medio mar sembrado de estatuas.

Su cuervo untado en plancton
alimón.

(Su nombre era Doorknob.
Su nombre era Doorknob Shojo.)

Un cementerio de buques —*her name
evolving Star Tyger*—

su nombre armando acumular

O'clock.

                    And then not.

(Where you are, I raised a cave.)

Of Light Bulbs! or a cave, angels watching
"cobwebs" of "glass," where you are, I picked up
the falling beads and

to spectate autumn ...

Watching the legal season on its glass face
straw heart, its exquisite turbine:

                              My Brother Limbs Lenitiferally.

My crawl brother
cutting through
half a sea sown with statues

His crow smeared in plankton
a kid's game.

(His name was Doorknob.
His name was Shojo Doorknob.)

A boat cemetery—*her name
evolving Star Tyger*—

his hoarder name assembling

osas

al borde del vestido

corte uve:
estampa de tercera luna en Júpiter sub terrae.

(Su nombre era Júpiter-Sargazos.)
(Su nombre era Niño de la Ostra.)

Su valsesito Ariel

de amaba a un cíclope, su polvo-
mandarina, ni así que mi Sauceda

sino el tiempo aquel
cuando abuelito dormía aún
con medio ganso bajo la almohada

fuera colocando cuencas entre tres y tres
fuera ya cosiéndole los labios a otra hortensia

(y el sudario que violeta infraccionó)
su otrora ultra red nácar, su seda *suburnísima*.

she-bears

    the dress's collar

        v-necked:
        the silhouette of subterranean Jupiter's third moon

(His name was Jupiter-Gulfweed.)
(His name was the Oyster-Child.)

Her little Ariel waltz

of loved a Cyclops, its dusty-
tangerine, and not that I succeeded,

but that time
when granddaddy slept
with half a goose under his pillow,

outside placing basins between three and three
outside already sewing the lips of another hortensia,

(and the shroud that gentian violated)
his once ultranet mother-of-pearl, his *suburnismest* silk.

L. 2

Es un laberinto-proa distorsión a escala de gris. Focus: peatón que ondula estrellas en los caracoles. ¿Y Arenita? La turbina es los codos alzando ante el calamar (ógrico) después que hélices de monociclo con la boquita verde circularan la red clausurando a través de un trapecio a la esquina de un barco de papel.

Ya tienes nueve palabras, sólo falta una —mistress Puff.
Bob: *Sólo tengo que afilar el lápiz.*

[Luz]

La Academia de Botes / sudóme asta bandera / mi señorita salada /
que la llave me confió / Pinhita: ¡Soy un trofeo!

L. 2

It's a prow-labyrinth grey-scale distorted. Focus: a pedestrian that curls stars in the barnacles. And Sandy? Her elbows up (ogrely) in front of the squid are a turbine after unicycle propellers with little green mouths pull the net closed; she's on the flying trapeze at the tip of a paper boat.

*Now you have nine words you're only missing one —*Mrs. Puff.
Bob: *I juuuust need to sharpen my pencil.*

[Lights]

> *The Boating Academy / sweated me flagpole / me salty lass /*
> *the key she entrusted to me / To the pineapple: I'm just a trophy!*

Bwaaawawaawawa!

L. 3

Fotomontado en diástoles ámbar, la escarcha púrpura no será un vestido
(su muñeca precisa) donde la ardilla prometió, de antaña esfera

con su flecha atacar
el sobreoculismo granulado.

O dibujar un barco invisible.
O almejas *pack.*

Pack. Pack: teledirigir, la risa
desde una silla ruedas:

       Forcejear.

(Y la palabra cerradura.)

Cinturón reconstituido de llaves ligeras,
piedras bondadosas que transparentan cuerpos.

Tú,
polvo con ojos.

Tú,
Perceve

    descended.

L. 3

Photomontaged in amber diastoles, the purple frost won't be a dress (her precise wrist) where the squirrel promised, from a one-time watch-face

she shoots an arrow at
the grainy superocular.

Or draws an invisible boat.
Or a *pack* of clams.

Pack. Pack: remote controlled, laughter
from a wheelchair:

> *Grapple.*

(And the deadbolt word.)

A belt reconstructed from lightweight keys,
kindhearted stones that reveal bodies.

You,
dust with eyes.

You,
Pollicipes,

> *descend.*

(Es una cuerda que hurgas
en el fuego quebrado
de una línea

sinuosa, así neón.)

Y su banco de semillas agitar.

Y cuernos azules sus dientes rojiblancos:

helechos;
      helechos;

(su brazalete era una costa de aneurismas)

        helechos titilando

el agua dentro como un panda sonoro

sonorizando la esfera
a la izquierda del bambú:

            ¿Pero a dónde
            se irá toda esa sal?

Su pálpito-dribble.
Su éter-orgone.

Su semi-verde nebulosa allende el casco.

Su púlpito amarrado a la jaibita anoréxica.

(It's a thread you pull
in the shaky flame
of an edge

sinuous, so, neon.)

And their seedbank shake.
And blue horns, their teeth redandwhite:

bracken;
            bracken;

(their bracelet was an aneurysmic shore)

                    trembling bracken

the water inside like a loud bear

adding a soundtrack to the area
left of the bamboo:

                *But where
                will all that salt go?*

Their dribble-beat.
Their aether-orgone.

Their near-green nebula beyond the helmet.

Their pulpit moored to the little anorexic crab.

O su espejo-calavera que simula

botellitas de perfume
entre nubes de Montauk.

(Aquí Duncan Cameron salta.)

Aquí Duncan Cameron bordará tu nombre
amalgamando al cráneo
toda aquella gimnasia vertida
en los bosques submarinos de Nyan Nyan:

Que si bien el objetivo era simplemente hacer al buque
no detectable, aún rada ahí, Perceve

tu iris a través.

Or their cranial-mirror that simulates

little bottles of perfume
between billows of Montauk.

(Duncan Cameron pops in here.)

Duncan Cameron will embroider your name
amalgamating the cranium
all that wasted gymnastics
in the underwater forests of Nyan Nyan:

While the objective was to simply make the ship
undetectable, it still radars, Pollicipes,

your iris, through.

Lüscher[2]

Lila. *Fervor.*

Fritillaria. *Majestad.*

Fucsia. *Elocuencia.*

Pulsátila. *No puedes pretender nada.*

Violeta. *Dinastía.*

Hortensia. *Realidad.*

Philodendro. *Yo también tengo un jardín de ese color en el cerebro.*

---

2. En la aplicación de esta prueba se sustituyó la paleta original por extracciones de color de cada una de las plantas citadas.

Lüscher[2]

Lilac. *Fervor.*
Fritillaria. *Grace.*
Fuchsia. *Eloquence.*
Pasqueflower. *Don't expect anything, in case.*
Violet. *Inheritance.*
Hortensia. *Trace.*
Philodendron. *Me too I have a garden in my brain that's that color.*

---

2.   In this test, the original color palette was replaced with colors extracted from each of the plants listed.

Rorschach[3]

Dos changos con alas defecan sosteniendo a una bailarina con el cráneo escindido. Su falda transparenta muslos de los años cincuenta, torneados. Las manos están sobre la cabecita cortada; no tiene pies. Uno de los changos, el de la izquierda, no lleva la quijada definida. La mujer tiene el vientre agujereado.

Dos hombres polacos de caricatura chocan las palmas. Sus piernas y sus cabezas son rojas para acentuar que su cabeza es como un calcetín. Sus ojos son similares a sus bocas, casi sonriendo en la organización de un falso crimen. Pacto de vísceras transparentan.

Dos mujeres calvas con nariz respingona, ojos de extraterrestre y senos prominentemente ovalados. La separación entre tronco y cadera mediante una rodilla y zapatos de tacón que sostienen dos jardineras regando o dos anfibios. A los lados, placentas con fetos o fantasmas que ordenan ¡a callar! con su índice, y un moño, evidentemente rojo, a la altura de los cuellos.

Nada. O un monstruo con el rostro semi-escondido con un ojo más visible y algo que le escinde el cráneo. (Puede ser una vagina.) Se le ven bigotes y tenazas de cucaracha, zapatos de turco con tacón de aguja y algo irreconocible entre las piernas. O es un monstruo difuso que las separa y en la base otro monstruo o dos, que sostienen al primero.

Una mariposa camina con pies derretidamente combos arrastrando las

---

3. Resultado de una prueba realizada en conjunto a manera de chat. Para el paralelo ver: "El despertar de las creaturas del espejo capullo."

Rorschach[3]

Two monkeys with wings defecate suspending a ballerina whose skull is split. Her tutu reveals thighs from the fifties, toned. Their hands are on her poor wounded head; she has no feet. One of the monkeys, the one on the left, has a badly defined jawline. The woman has a perforated abdomen.

Two cartoon Polish men high-five. Their legs and their heads are red, to accentuate the fact that their heads are like socks. Their eyes are like their mouths, almost smiling at their mischief. They betray a body pact.

Two bald women with upturned noses, alien eyes, and prominent oval breasts. The separation between torso and hip through a knee and high heels propping up either two gardeners watering or two amphibians. On either side, fetuses in placenta or ghosts with their fingers to their lips, and with ribbons, evidently red, around their necks.

Nothing. Or a monster with a half-hidden face, one eye visible, and something that splits its head. (Maybe a vagina.) You can see whiskers and cockroach pincers, Turkish shoes with stiletto heels and something unrecognizable between its legs. Or it's a blurry monster that pulls them apart, and underneath, another monster or two that supports the first.

A butterfly walks with its feet warped, like it's melting, dragging its

---

3.   The result of a test performed via chat. See also, "The Awakening of the Cocoon Mirror Creatures."

alas. Lleva grandes antenas de espaldas a mí; se dirige a la derecha. Su expresión es o de ir al horizonte o de cierto abatimiento.

Un insecto extraterrestre, flaco, con cuatro brazos y otros dos más chicos, la parte baja irreconocible. Esta parte puede ser también dos submarinos con cara de pez bigotudo. Lleva un chal transparente en los brazos y una expresión de perversidad o de enojo o de deseo o de matar.

Tres piernas abiertas y un clítoris con candado. También pueden ser dos perfiles de mujeres lacias con manos hacia atrás.

Dos tlacuaches escalan un monte. En la base, dos cerdos tristes y un diablo juguetón o un extraterrestre muy delgado con saco y camisa elegantes. Un murciélago verde con cara de otra cosa, larga, y encima una gran rana u oso hormiguero que los absorbe a todos, ayudado por los tlacuaches. Esto también puede significar que la rana se asume hacia el cielo.

Una bandada de cerdos-sicarios. Dos sicarios-mujeres con peinado africano y dos sicarios Ku-Klux-Klan del futuro tocándose los dedos índices.

De arriba a abajo: dos hombres con sombrero demacrado-lúdicos bailan en estilo trofónico. Dos insectos los abanican cabalgando en otros dos insectos. Dos sirenas marsupiales beben un slurpee interconectado o tocan la gaita dando a luz fetos de luz o peces ámbar. Hay un conjunto ornamental amarillo-ocre o algo que no se dilucida pero tiene un fragmento de raíz. En el centro algo conecta los cerebros de las sirenas.

wings. It has huge antennae and its back is to me; it sways to the right. Its expression is either looking off into the distance or perfect disappointment.

An extraterrestrial insect, thin, with four arms and two other small ones, its lower half unrecognizable. This part could also be two submarines with whiskered fish faces. It has a translucent shawl around its shoulders and its expression is of perversity or rage or desire or desire to kill.

Three open legs and a clitoris with a padlock. Could also be the profiles of two limp women with hands behind their backs.

Two possums climb a hill. At the base of it: two unhappy pigs and a playful devil or a very slim alien in an elegant shirt and suit jacket. A green bat with something else's face, long, and above that a huge frog or anteater that consumes them all, with the help of the possums. This could also mean the frog ascends to heaven.

A swarm of hired pigs. Two afrofuturistic hit women with tall hair wraps and two futuristic Ku Klux Klan members crossing swords.

From top to bottom: two emaciated men in hats dance, ludic, trophonic. Two insects fan them while riding on two other insects. Two marsupial mermaids drink a slurpee, intertwined, or play bagpipes while giving birth to fetuses in light or fish in amber. There's a yellow-ocre ornamental set or something that doesn't fully materialize; it has a torn root. Between them, something connects the mermaids' nervous systems.

Machover[4]

La cara azul es una piedra y formula la involución aparente mudanza atrás como lo que siento: un espacio vacío al lado, un niño en claustro azul y que recuerda las "hormigas," la conjunción de arquitecturas de vitriolo —y el friso y su cumbre— en la súbita sensación súbita (*though she speaks in latin*) de estar siendo cohabitada al alimón con la ceniza de Santa Úrsula La Reciente en parajes más mestizos.

Aquí construí su cadáver como un jardín tachonado de meteoros y nichos y crema de estrellas su holán (*I know how to speak, I know I'll be through*) y la nave freí, atrás de la mezcla: mil novecientos ochenta, y cinco ancas de rana, y medio ciclón en volutas arrogando la franja inmortal: un crucero, cuatro brazos extendidos en nuevas mitras a dormir, delicadamente inversas.

Aquí, donde una ventana escinde el humo que me era vedado y ella dice: *Regarás las plantas lustrosas,* su mano que fue un *fonófono* silente su muñeca construyó: diez barditas de huevo parlante, diez cabezas coronadas de anís y yerba menta, medio cuerpito refugiado entre abejas postizas.

Acá cierro los ojos y doy vueltas y su boca que no me veo me repite lo de *Caja de miel / Caja de miel / Tú no me quieres.*

Ésta es como cuando digo *amor.* Como cuando escribo *amor* y deposito

---

4.   Transcripción resumida de 8 pruebas que corresponden a las realizadas en julio y diciembre de 2011, enero, marzo, mayo y octubre de 2012, y febrero y marzo de 2013.

Machover[4]

The blue face is a stone and formulates the apparent involution migrating back, like how I feel: an empty space off to the side, a child in a blue cloister who remembers the "ants," who remembers the conjunction of vitriol architectures—and the baseboard and its height—in the sudden sensation of suddenness (*though she speaks in latin*), cohabitating in play with the ashes of Saint Ursula the Younger in more mixed-race regions.

Here I constructed its cadaver like a garden, studded with meteors and niches and creamy starry frills (*I know how to speak, I know I'll be through*), and the boat burned in the back of the mix: nineteen eighty five frog legs, and cyclone spirals mediate arrogating the immortal fringe: a cruise ship, four arms extended in new miters to sleep, delicately inverse.

Here, where a window splits the smoke and she says: *water the glossy plants*, her hand which was a *phonophone* but silent, her wrist constructed: ten little walls of talking egg, ten heads crowned with anise and mint, half a little body hiding between plastic bees.

Here I close the eyes and turn around, and her mouth—that can't see me—repeats the *Caja de miel / Caja de miel / Tú no me quieres.*

This is like when I say *love*. Like when I write *love* and locate the shadow of my one lip and he tells me: *Not thinking I have everything even though*

---

4.   Summarized transcription of eight tests that correspond to those taken in July and December of 2011, January, March, May, and October of 2012, and February and March of 2013.

la sombra de mi único labio y él me dice: *Sin pensar que todo es mío aunque no sepas volar* y yo le digo que sí, que en ese nido vive el almirante.

Aquí él se tapa los ojos con pétalos de durazno y almíbares *muy* conocidos. Ella me dice: *Mi cara quiere volar a dibujarte una estrella en la cara.* (Su cara que es la cara mía. Y que nácar me dirá que no sabe y que nácar me dirá que no es y me dirá: *Los dinosaurios no tienen nombre, pero quiero ambos: el mío y el que es mío.*)

Aquí, ahí permanece. El cable donde duerme un caballo. El cable donde vive el Pájaro Capitán.

Y estas son islas presagiando la fruta que disfrazas de anillos.

you can't fly and I tell him it's true, the admiral lives in that nest.

Here he taps the eyes with peach petals and *very* familiar syrups. She tells me: *My face wants to fly to draw a star on your face.* (Her face that is my face. And that mother-of-pearl tells me I don't know and that mother-of-pearl tells me that it isn't and tells me: *The dinosaurs don't have a name but I want both: mine and the one that's mine.*)

Here, there I'll stay. The cable where I sleep a horse. The cable where the Byrd Captain lives.

And these are islands foreshadowing the fruit you disguise as ring-jewels.

Goodenough[5]

I.
Es cuando llovió batracios el cometa de mi doble cara.
Es cuando bailaste faros acordándome del sitio.
Es una clase de aritmética.

II.
Son caracoles y delfines, muy veloces.
Son como esto.
Son la espada del umbral con un roedor.

III.
Significa que si este volcán se parapeta, yo seré la misma.
Significa que debes insertar una isla voladora aquí.
Significa una Caja Sin Brazos.

---

5. Transcripción de los segmentos cabeza-tronco-extremidades de tres pruebas aplicadas en el lapso de una hora.

Goodenough[5]

I.
When it rained batrachia on my two-faced kite likeness.
When you danced in fog lights, reminding me of the place.
When we were in math class.

II.
Where barnacles and dolphins at velocity.
Where it's like this.
Where the dawnbright sword with a mouse.

III.
It means if this volcano hunkers down, I'll be the same.
It means you must insert a flying island here.
It means a Limbless Box.

---

5. Transcription of the head-torso-extremities sections of three DAP tests taken over the course of one hour.

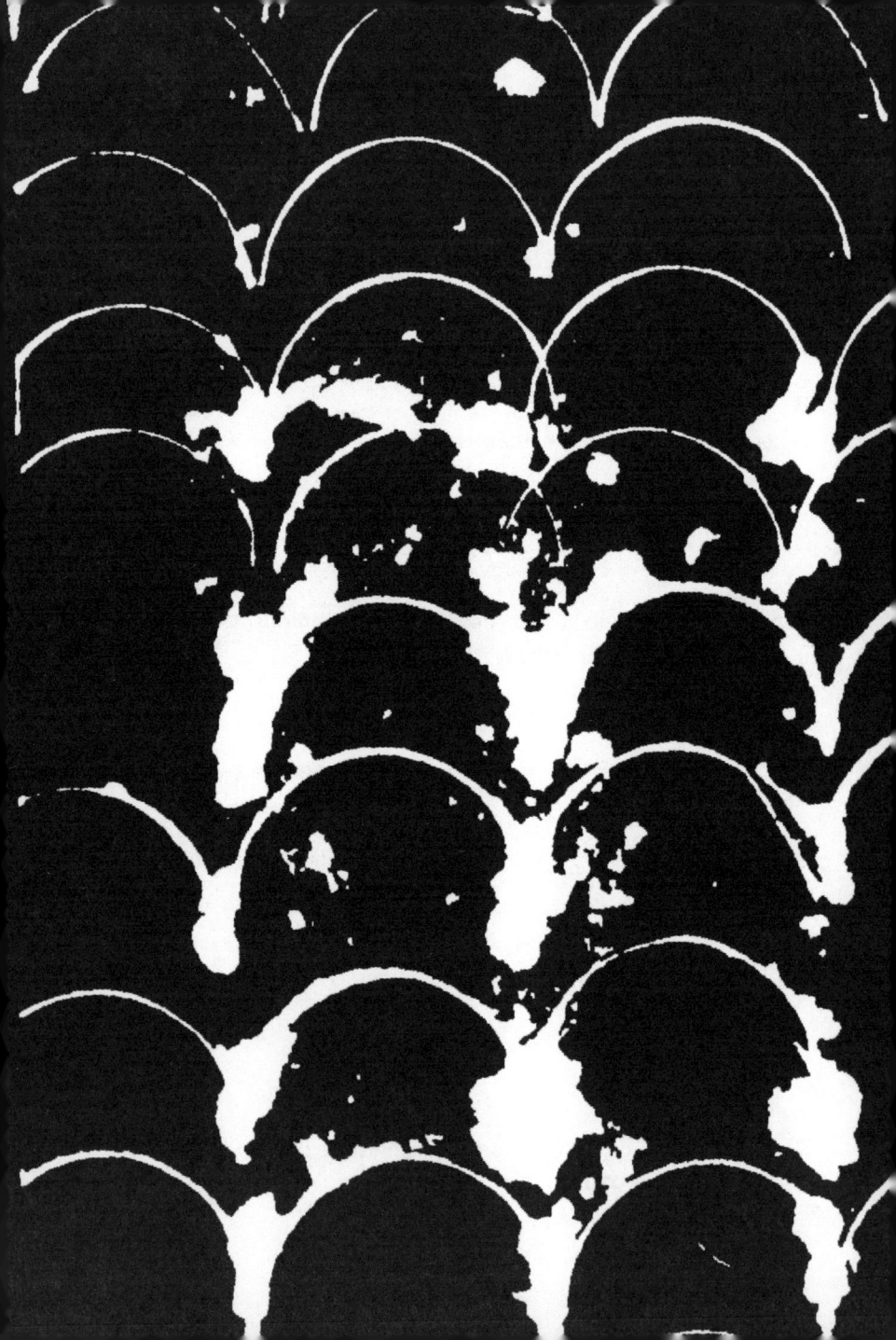

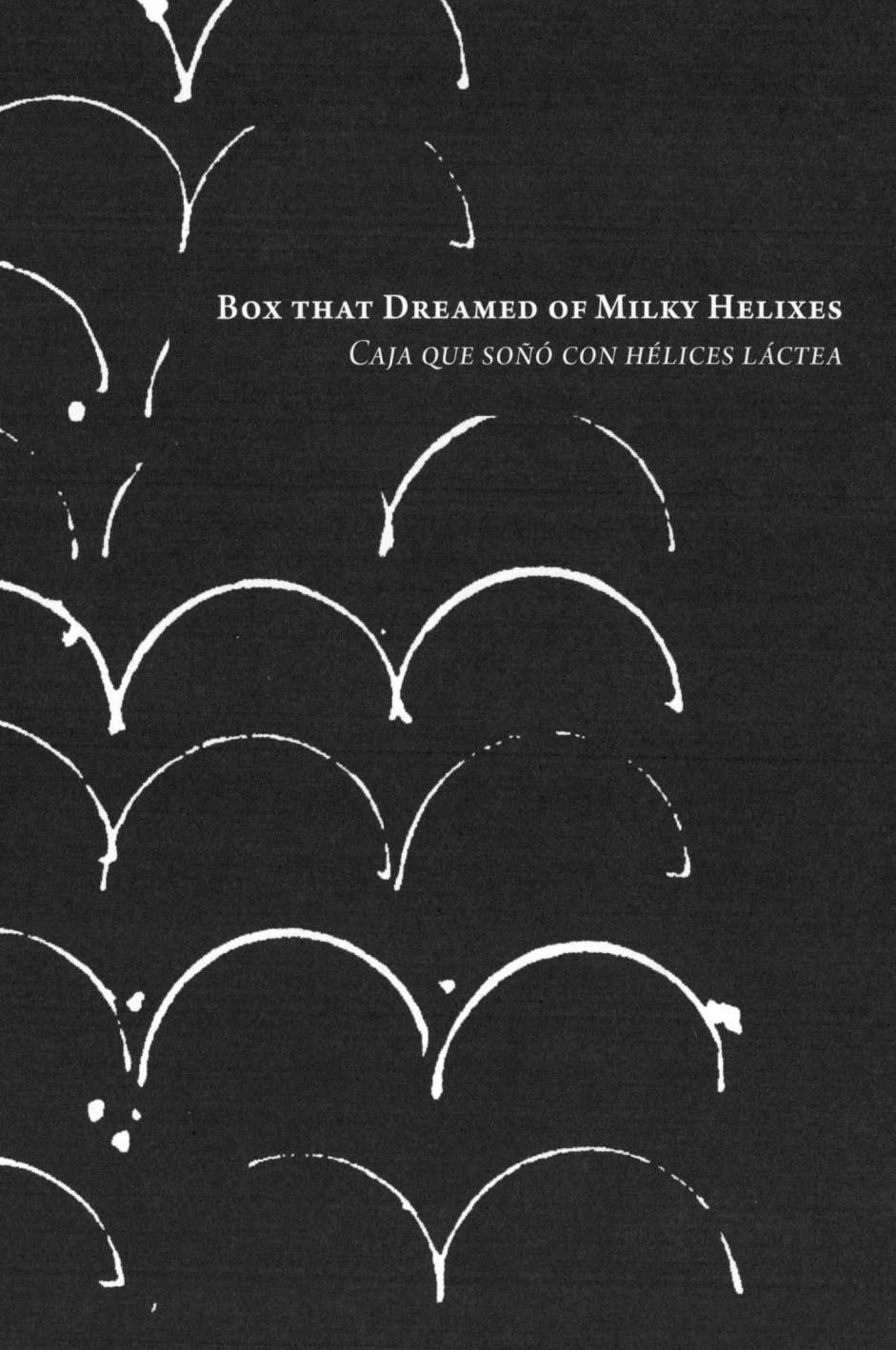

Box that Dreamed of Milky Helixes

Caja que soñó con hélices láctea

EMPIEZA AL FIN CON UNA HILERA DE HORMIGAS. Con una hormiga que no vuela porque vuela el pez, sus alas rojas que antier quemamos con música. *Los hombres dan la pirotecnia. Van a asesinarlo.* Nosotros, fuimos a recolectar piedras brillantes. Sus colores también eran simétricos, casi más que un zapato oculto en tu cajón con moneditas. *¿Pero siempre? ¿Qué es siempre?* Esto. Lo que lleva un pájaro o cuarenta pájaros que miran fijo la grúa y es más trono que cualquiera (de los unicornios descritos). *¿Pero unicornio qué es? ¿Significa ir a otro lugar?* O que transitamos de humo a piedras y las piedras no son trenes sino tres. *Sí, sí sé decir es muy alto mamá ¿pero dónde empieza muy alto?* Ahí. Tú escribe "hormigas" tú escribe que viven en castillos y no usan vestidos al dormir si les dejas una piedra más celeste entre los dedos. Y entonces dales una hoja que pese su cuerpo cuando cae. Cuando caer es yema. Cuando no hay palabras qué incluir en el mapa forrado con lustrina, ahí dí púrpura. *Dí púrpura y entonces ya se van a despertar.*

Púrpura, el cordero muerto sus vísceras también como una hilera y el deslave de su lana. Púrpura, el cordero muerto circundado de buitres cuatro en cada uno de sus árboles. Púrpura el sombrero color pluma sus piernas que decoré el muro de polvo también el camino de piedritas. ¿Así te hablan los árboles? *No, ellos dicen aquí estoy Isaí ven Isaí y el sol no habla yo le digo ya no es noche ¡a congelar la luz! pero el sol está aquí y nos está viendo.*

Hay diez campanas. Recuerdo el limón también y su escalera. Una barda. El atrio que vendí sin evocar. ¿A quién? Hay un castillo. Se abre el portón. Es púrpura pero no es una pregunta. Es un líquido hirviendo en una alberca enlamada, y con aviones.

Con aviones hoy nos persiguió la luna hasta donde no hay noche. Así pasan las cosas: no es aquí porque es allá. ¿Y el cordero? Era azul y rizado. Sus entrañas devolvían una espada de tierra por los ojos. También el paso

ULTIMATELY, IT BEGINS WITH A LINE OF ANTS. With an ant that doesn't fly—the fish flies—& our playing lit, yesterday, before, its red wings on fire. *Men give the fireworks. They're going to kill it* while we went to hunt shiny rocks. Their colors are symmetrical too almost more than a shoe hidden in a drawer full of spare change. *But forever? What is forever?* This. A bird in full feather or forty birds watching the caterpillar crane more thronely than all the others (of the unicorns described). *But what's a unicorn? Does it mean to go somewhere?* Or that we move from smoke to rocks & the rocks aren't trains but arrive in threes. *Okay, okay, I know to say it's really high mama but where does "really high" start?* There. Write "ants" & write that they live in castles & don't sleep in dresses especially if you leave a bluer rock between their fingers. Then give them a leaf that weighs on the body when it falls. "When it falls" is a fingertip. When there are no words to include on the map wrapped in silky wool, then you say purple. *You say purple so now they'll wake up.*

Purple the dead lamb and its viscera all in a line, the landslide of its wool. Purple the dead lamb circled by four vultures in each of its trees. Purple the feather-colored hat its legs decorated by the wall of dust and the pebbled path. Do the trees talk to you like that? *No, they say here I am Isaí come here Isaí and the sun doesn't respond I say it isn't nighttime anymore freeze the light! but the sun is here and it's watching us.*

Ten bells. I remember the lemon tree too, and its ladder. A wall of brambles. The foyer I sold but didn't invoke. *To who?* There's a castle. They open the gate. It's purple but it's not a question. It's a liquid boiling away in a slimy pool with airplanes.

Today the moon has pursued us in airplanes out to where there's no night. That's how these things go: it isn't here because it's over there. And the lamb? It was blue and curly. Through its eyes, its entrails gave back a sword of dry land. And the grainy step over the foam where *chimney* meant

granular sobre la espuma donde chimenea era esperar el color rojo y una risa adornada de campanas de madera y el recuerdo de una cabecita (de gato negro) y el rojo de verdad que degollara lo que un día olvidé. El libro que no te escribí, Séfer. El libro de las jaras. El nombre que a la oveja le dolía.

Pero ya no le duele mamá me llamo Aleph.

Pero ya no le duele es tocar la humedad, aquí, donde muestras una piedra verde ante la cámara. Es decir que esa humedad es parecida a una escalera, láctea, entre los dedos. Parecida a su rojez que penetra en el paistle que duerme. Pero ya no le duele es decir que te despiertas preguntando *¿ya nací? ¿y entonces tengo una cabeza o significa tener tres?* Es decir que te despiertas y me dices que no escriba nada. *No, no escribas yo los tengo que decir mamá yo tengo que decir el nombre de todos los dinosaurios*

(que me sueñen todavía).

wait for the red meant a laugh adorned with wooden bells meant the memory of the little head (of a black cat) & the red truth that will slit the throat of what I forgot, once. The book I didn't write you, Séfer. The labdanum book. The name that pained the ewe.

But now she doesn't hurt anymore mama my name is Aleph.

But 'she doesn't hurt anymore' is to touch the wet, here, where you show a green rock to the camera. Which is to say this wetness is like a milky ladder between your fingers. Like the redness suffusing the sleeping Spanish moss. But 'she doesn't hurt anymore' is like saying you wake up asking *was I born? so do I have a head or do I have like three?* It's like saying you wake up and tell me not to write anything. *Don't, don't write them I have to say them mama I have to say the names of all the dinosaurs*

(that are still dreaming of me).

Empieza al fin con el velociraptor que no me comía porque yo lo llevaba de la mano, él dormido de pie. (Su nombre era otro.) En un baño de vapor comimos masa cruda circular que extraíamos de una funda de almohada. Al salir del vapor-cine discutimos los ingredientes de un subtrill. Él decía tonalidades. Yo decía que lo quería con más de dos. Entonces llegaba tras de mí el marino coqueto condecorado y que por qué, por qué no tienen protocolo, decía. La ventanita se hacía blanca y luego negra y luego transparente. Nos vamos de ahí. El marinero preparaba el episodio con una jeringuita de líquido naranja pero antes de alcanzar su vía yo crucé y ya son las cuatro.

Hay un parque con vagabundos. Mi hijo y yo debemos cruzar la malla ciclónica pero la esquivo. Ahora estamos en la ruta del bulevar superior pero todo empieza al fin cuando llega el velociraptor y se come a los vagabundos y alguien da un Informe de Cosas pero el informe eran nuestras caras viendo que nos grababan de uno en uno o de tres en tres.

Todos los taxis no están, dice a lo lejos. *El velociraptor son robots-espía que inventaron nuestros papás hay que matarlos,* alguien dice en altavoz. Yo le leía la mente a una viejita: *Son un resabio de la Coldwar.* La viejita le leía la mente a otra viejita: *Otra vez el fin del mundo.*

Pero yo sé que al fin la prehistoria nos llegó y que es la primera vez porque la prehistoria sólo existe después de escribirla en libros. Y sé que *la primera vez* y *al fin* no existen pero yo debo avisarle a todos que nuestras caras nos espían.

Entonces él se transformaba y vivía incrustado ahora en mi pecho y era del tamaño de un pez y escucho *tienes que escribir una caja negra mamá es lo que quieren los dinos tienes que escribir una caja negra que se llame como a mí.*

Ultimately, it begins with the velociraptor that didn't eat me because I had it in my hand—it slept standing up. (Its name was someone else.) In a steam bath we ate circles of raw dough we pulled out of a pillow case. We argued about the ingredients of a sub as we left the hazy movie theater. He said color schemes. I said I wanted more than two. Then from behind me appeared the charming decorated sailor bemoaning why, why do you have no protocol! The little window went white then black then transparent. We left. The sailor was preparing the episode with an orange liquid syringe but before it could touch the railroad I crossed and now it's four pm.

There's a park full of homeless people. My son and I should hop the chain link fence but I avoid this. Now we're on the upper boulevard but everything begins finally when the velociraptors show up and eat the homeless people; when someone gives a Report of How Things Are Going; but the report is our faces seeing our faces recorded one at a time, or three at a time.

All the taxis are fake they say from somewhere far off. *Our parents invented the velociraptors, they're spy-robots, we gotta kill them!* someone yells. I read an old lady's mind: *They're a carryover from the Cold War.* She reads another old lady's mind: *The end of the world, again.*

Except I know that finally prehistory came to us for the first time. It's because prehistory only exists after it gets written down. And I know that *the first time* and *ultimately* don't exist but I should warn everyone that our faces betray us.

Then he was transforming and living embedded in my chest & he was the size of a fish & I heard *you have to write a black box mama it's what the dinos want you have to write a black box that's named like to me.*

Empieza al fin cuando se levanta de su camión de bomberos y me da dos moneditas. *Ésta es para tu flecha. Ésta es la lumbre. Ésta es el hielo. Ésta es la de la manzana en la botella. Ésta es la que hay que dibujar. Ésta está derramada y da vueltas. Ésta es de miel sin brazos.*

Esta última moneda es negra-invisible y vamos a ser tú y yo.

Ultimately, it begins when he climbs out of his firetruck and gives me two pennies. *This is for your arrow. This is the fire. This is the ice. This is the one from the apple in the bottle. This is the one you gotta draw. This is spilled and spins. This is from limbless honey.*

This last penny is invisiblack and we'll be you and me.

Me dice *no es un dinosaurio es una herramienta*. Tierra. Hay mucha tierra y perlas ahí donde está él y una campana que es una lámpara para buscar estrellas. Me dice *ojalá hubiera tenido un avión para encontrarte una vez muy de mañana gritando mi nombre en secreto.* O que un cuerpo para pesar cuando no hay noche. Ahí un niño le enseña a hablar a un gato disfrazado de helicóptero. Su primera palabra es-tre-lla. Ahí tú y yo éramos un tigre y el tigre decía *es que se nos acabó el nombre mira el castillo se mojó.* Luego todos los animales se cerraron en la u y alguien dijo *yo soy el señor de los endymiones.* Ahí también el rey eras tú y la reina era yo porque la reina siempre era un niño y los niños envenenan a las reinas. Después se iban todos a donde están los caballos y uno hablaba y decía *el río es mi otro esqueleto no hay cuerpo mi cuerpo es mío.*

Tenía rayas. Se llamaba Gehedemías.

He tells me *it's not a dinosaur it's a tool*. Dirt. There's lots of dirt and pearls there where he is there's a bell that's a lamp for star looking. He tells me *I wish I'd had a plane to find you that one time so early in the morning you were yelling my name but like secretly.* Or a body for weight when there's no nighttime. A child teaches a cat disguised as a helicopter how to talk. His first word: es-tre-lla. You and I were a tiger and the tiger said *it's just that our name is over look the castle got wet.* Then all the animals made a u-turn and someone said *I am the lord of the endymions.* There too the king was you and the queen was me because the queen was always a kid, and kids love queen-poison. Then everyone went to the stables where one horse said *the river is my other skeleton I have no body my body is mine.*

It had stripes. His name was Gehedemías.

Me dicen que no puedo ver que estoy en un experimento. Estar ciega era captar perfiles azul rey neón. Herr Whirpool era un refrigerador-máquina del tiempo y me decía *en el año añil 44 volverás a la Calle del agua.* Los cubos de hielo del futuro no eran de seco sino de una voz que cantaba *snowing is is know wing is* hasta reventar el vaso. Entonces me dice *rompe el hielo* y el mar alcanzaba la playa de roca tres veces. Yo gritaba *el mar está en el mar otra vez.* Al tercer rugido emergía nadando un pez-tigre. Yo debía ajustar mis huesos a sus rayas para invisibilizarnos y así volvíamos al futuro. Entonces una niña chiquita entra y me grita *la tortuga está aquí la tortuga atigrada.* Ahí Dandelo se desmaterializa. Una prensa de madera cae sobre la cabeza de Dandelo. *Alguien ha muerto para siempre* me avisa mi padre por telepatía.

También era como estar al fondo de un bosque de ciruelas.

They tell me I can't see I'm in an experiment. To be blind was to capture the outlines of people, neon blue royal silhouettes. Herr Whirlpool was a fridge-time-machine and told me *in the year blue 44 you'll be back to Water Street*. The ice cubes of the future weren't styrofoam they were a voice that sang *snowing is is knowing is* until the glass shattered. Then he tells me *break the ice* and the sea broke three times on the craggy beach. I yelled *the sea is in the sea again*! On the third roar a swimming fish-tiger emerged. I had to tune my bones to its stripes to make us invisible so we could go back to the future. A little girl came and yelled *the turtle is here the tiger-striped turtle*! There, Dandelo dematerializes. A wooden printing press falls on Dandelo's head. *Someone has died forever* my dad informs me telepathically.

All of this was also like being deep in a forest of plums.

A mí me gritan *ven aquí estoy*. Yo sé que es el Sr. Origami. Al final me dicen *no sé esperar la muerte no es*. Había líneas verdes y cafés y tenían cuerpos quemados. A una cosa le decían *coral la tiene cara*.

Mi nombre se llamaba Clon. Lo traía en una bolsita.

They yell *come here I am*—I know it's Mr. Origami. At the end they tell me *I don't know how to wait for what death is not.* There were green and brown lines with burnt bodies. They called something *coral has it face.*

They called my name Clone. I brought it in a pocket.

A mí me gritan *Sonic Sonic Sonic* y sé que debo salvar a un erizo de su jaula para regalárselo a mi hijo en su boda. Desde otra jaula una especie de espantapájaros ve que lo libero y se convierte en algo más y dice

ahora sólo tienes que encontrar un nombre para tu hermano.

They chant *Sonic, Sonic, Sonic,* and I know I should save a hedgehog from its cage and give it to my son at his wedding. A kind of scarecrow spies from another cage watches me free it turns into something else and says

now you only have to find a name for your brother.

A mí me dan una caja y la abro y aparece esta canción *¿sol o soy? ¿sol o soy?*
¿sol o soy? llévame al jardín. Entonces le mordí los pies a la muñequita.

Le mordí las perlas.

They give me a box and when I open it a song plays *sun or I? sun or I? take me to the garden.* Then I bit the little doll's feet.

I bit her pearls.

A mí me dan algo y espuma. No exactamente alas sino un algodón para dormir los pies. Me dan los frascos y los dedales y un crayón rosa felpa y también unas piedritas. Ella se llama Iris y ve esto mientras tú hojeas un álbum con manzanas al margen de un río reverberando esqueletos de pez en rayos parecidos. Sí es algodón lo que me daban. Eran dandeleones. Hay algo en el domo. Hay un caballito de mar o es el agua en sí misma. *Fuego fuego* me gritas salivando estampas aún. También no dejabas de dibujar unas esferas.

Me decías que eran para adivinar cuantas caras habrá todavía en mi apellido.

They give me algae and foam. Not exactly wings more like cotton to put my feet asleep. They give me jars and thimbles and a plush pink crayon and some little pebbles too. Her name is Iris and she sees this while you leaf through an album with apples on the riverbank that reverberates fish skeletons in similar rays. Yes they gave me cotton. They were dandelions. There's something in the skylight. It's a seahorse or the water itself. *Fire—fire!* you yell while drooling postage stamps. And you didn't stop doodling spheres.

You told me they were for guessing how many faces will still make land on my last name.

El Sr. Origami me pregunta *si tengo cuarenta al sur veinte de mar y ninguna ala ¿de qué color soy?* Yo le digo *no sé Sr. Alce ¿quiere un poco?* Así entra la luz.

Así entra en un rectángulo dormido.

Mr. Origami asks me *if I have forty in the south and twenty from the sea and no wings what color am I?* I say *I don't know, does Mr. Moose want some?* This is how light gets in.

This is how it gets into a sleeping rectangle.

Me preguntan de un color inglés. Yo le respondo que ya creció que ya es la madre de la caravana. Entonces le desamarré las patitas al loro que me regaló y le quité el espejo que traía. Tenía escrito *¿sabes que en cada estrella hay otra estrella del mismo color?* Luego pasaba volando una torre de maní. Había otro dibujo como de un algodón muy pausado y hecho de ocho mil pieles cúbicas. Alguien del dibujo quemaba aves. Otro anudaba los barcos. Había nada más salidas hacia adentro y alguien me veía con la cara muy lentamente como si la cara estuviera efectivamente *hecha* pero con una risa de mamut

o de algo muy antiguo.

They ask me about an English color. I respond: she already grew up she's already the mother of the caravan. So I untied the parrot they gave me & untied the mirror from its feet. Written on it *Did you know that in each star there's another identical color?* A tower of peanuts passes flying by. There was another sketch like slow cotton made out of eight thousand cubic skins. Someone in the picture burned birds. Another moored boats. Nothing more than exits from the inside someone looking at me with that slow kind of face as though the face were actually *made* but made out of a mammoth laugh

or something very, very old.

No es cierto. Me dice que en la noche había una jirafa al otro lado que comía jirafas al otro lado pero no era una persona todavía. Me dice que su nombre otra vez era color verde y que su papá era la ventana y también que masticara estrellas

—sólo las rojas— para poderme despertar.

It's not true. He tells me that last night there was a giraffe on the other side that ate giraffes on the other side but it wasn't a person yet. He tells me that his name was green again and that his father was the window & that I have to chew stars

—only the red ones—to wake up.

No es cierto. Mi papá y yo vivíamos en un barco y tú vivías en mi panza. Aquí. Entonces mi papá y yo nos ahogamos y una tortuga llegó y me cortó el ombligo con una espada y tú naciste mami de mi cuerpo. Y como tú no eras tú porque tú eras una estrella ya no nos ahogamos nunca.

Así nací Isaí.

It's not true. My father and I lived in a boat and you lived in my belly. Here. Then my father and I drowned and a turtle came and cut open my belly button with a sword—and you were born mom of my body. And because you weren't really you because you were a star we'll never drowned again.

That's how I was born 'Isaí.'

¿Tú sabes lo que es un jardín? Ahí matices alzan alrededor risas de fondo en recia lumbre y muy de nieve casi. Ahí un hombre fucsia-gris dice mi nombre y dos niñas saltan en *el mismo jardín* pero son un río hablándome canciones en idiomas con las manos muy unidas o invisiblemente unidas. Ahí había una caja pero me decían *ven al manojo de soles.* Tenían una copa pero le llamaban *nueve sangres van hundiendo la legión.* Repetían que la santa era la niña y la niña era una niña y la pinta el combinar el gris con rojo una vez bajo la lámpara terrestre. Aunque la rotación del árbol no hablaba de lo que referí al margen de sus analuces rentaban el augurio aún. Cunas mellizas. Cunas aldabas. Cunas-núcleo y lava neón aovillando en el patio sus licores. (Vítreos. De manzana.) Sus botellas dulces. (De hollar.) Los veintiún —o veintidós— asteroides todavía por confirmar si tras éstas que me dictas

(cíclope sonoro) esa puerta existe.

Do you know what a garden is? Different hues bob through a laugh track in a heady fire just there, almost white-out. A fuchsia-gray man says my name and two girls jump rope in *the same garden* but they're a river telling me songs in other languages with their hands clasped tight or clasped tight invisibly. There was a box there but they told me *come to the bundle of suns*. They had a cup but they called it *nine of my bloodline sink the legion*. They repeated *La Santa is La Niña and La Niña was a girl* and they paint *La Pinta* the combinate the gray with red once under the terrestrial lightbulb. The tree rotation yielded the omen anyways even though it wouldn't speak about what I referenced on the edges of its analights. Twin cradles. Doorbell cradles. Nucleus-cradles and neon lava rolling their liquors into a ball of wool in the yard. (Glassy. Apple-flavored.) Their sugary bottles (tattooed.) The twenty-one—or twenty-two—asteroids yet to be confirmed if after these you spell

(sonorous cyclops) that door exists.

¿O tú sabes la noche de qué color es? *Rojo.* ¿Y el sol? *Verde* ¿Y la luna? *Todas las cosas son azul mamá.* Y sí. *Fuerte es duele.* Lejos es donde está la puerta. *Atrápalo es dos pájaros. Dos pájaros no. Tres pájaros.* ¿Y eso es una piedra dormida o un pájaro dormido? *Piedra no. Yo sí.* ¿Y así te habla el sol? *No mamá. El sol no existe. El sol es azul. El sol es un pterodáctilo.*

FIN.

Or do you know the color of the night? *Red.* And the sun? *Green.* And the moon? *Everything's blue mom. And yes. Strong hurts. Away away is where the door is. Catch it it's two birds. Not two birds. Three birds.* And is it a sleeping stone or a sleeping bird? *Not stone. Yes me.* And does the sun talk to you like that? *No mom. The sun doesn't exist. The sun's blue. The sun is a pterodactyl.*

THE END.

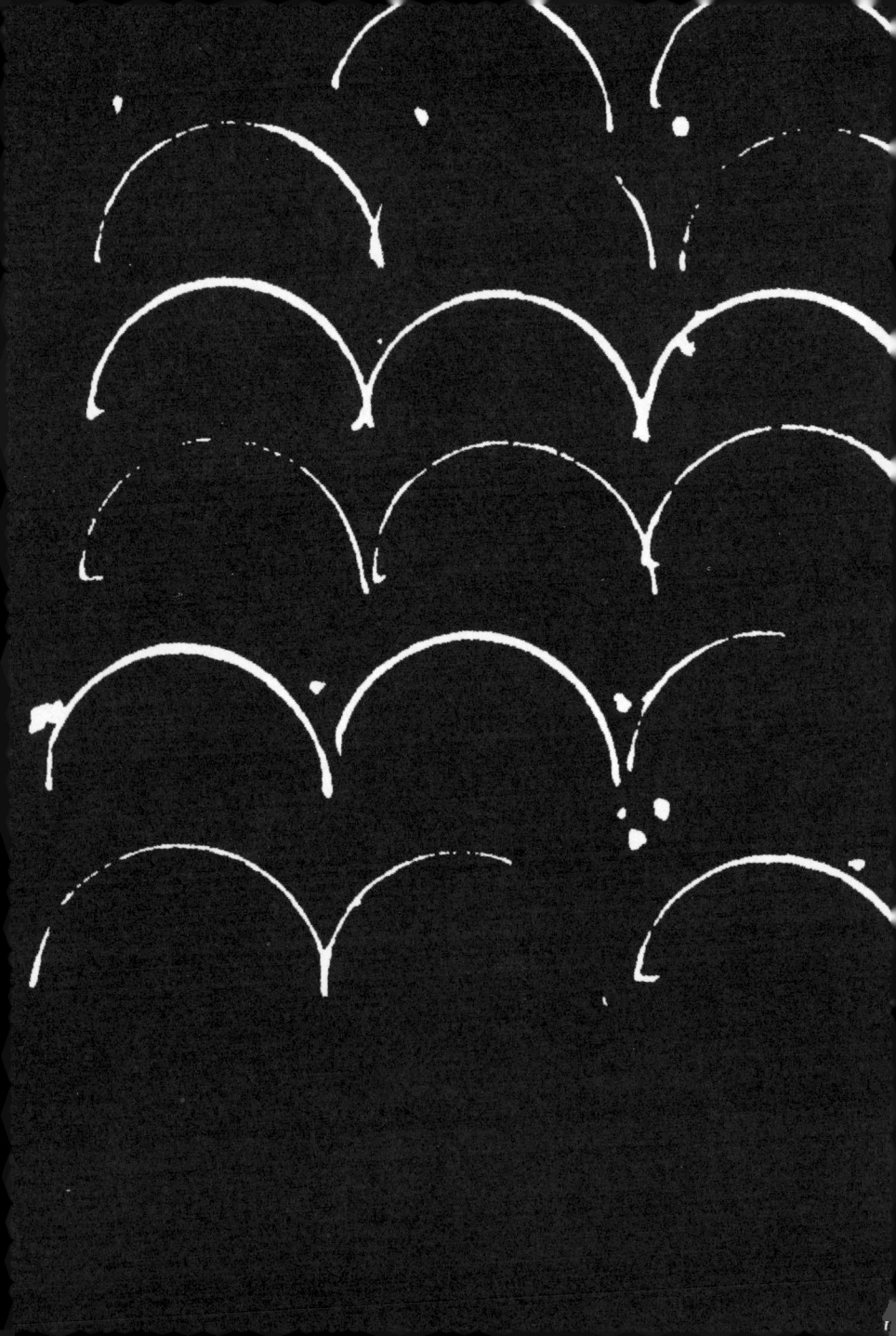

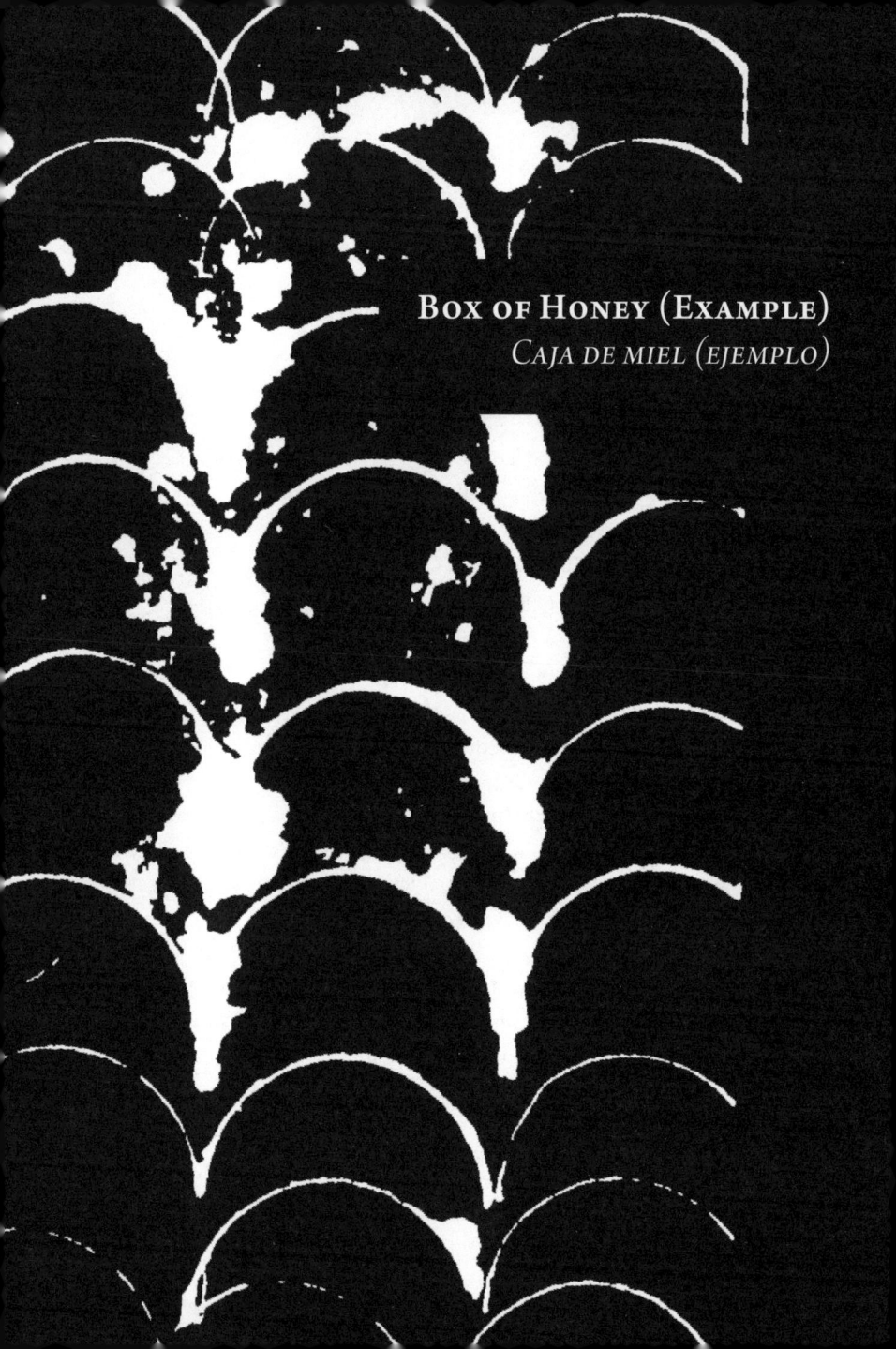

Box of Honey (Example)
Caja de miel (ejemplo)

A

agua. Es como cuando cae una nube de piedra.

aguja. Rutina de no haber sino pieles.

alacrán. Animal que sueña en hexágonos.

allá. Significa que está brotando el sol su cáscara.

ámbar. Se dice del río sintomático que desea ser sol.

avión. Ejemplo: *Construí un palacio de papel mañana.*

azul. Es todo lo no visto.

B

boca. No se debe decir en voz alta o se te cae la boca.

beso. La asfixia que lavas mesándote al ardor de sus *glaseadas coronas*.

brillo. Sol cadáver. Cada vez.

C

cabellos. En el fondo todos son pulpos púrpuras.

cauce. Río hallado. Yo huida.

cielo. Escaleras sin mirar a nadie más.

colmena. Puede tomar también las siguientes formas: un frasco de crema para evitar las pecas, una cremallera, un zapato de hombre, otro de mujer y una navaja.

corazón. Su mecánico medio de oxidadas bolsitas.

crujir. Sucede cuando varias raíces gritan *hojarasca*.

cuerpo. Mi castillo soy yo.

cucúrbita. Enfundar. Amodir. Liminar. Circenser. Remudar. Abadir. Fez. Fístula. Facción. Renhir. Antorchar. Fenecer. Inversamente. Y. Entrever. Bonibon. Zàâá. Ánfora. Pour. Tanto. Quantos. Gatos. Sonrisar. Sí. Oz. Fuelle. Muelante. Good. Así.

A

aether. Like when a stone cloud falls.

arrow. No routine without the rind.

arachnida scorpiones. Animal that dreams in hexagons.

at. Means that the sun is sprouting from its shell.

amber. They say the symptomatic river envies the sun.

airplane. Example: *I built a paper palace tomorrow.*

blue. Everything unseen.

B

bone (mandible). You shouldn't say it out loud or your mandible will fall off.

kiss (blown). You wash this drown while pulling your hair out to the ardor of your *glassed crowns.*

brilliance. Sun cadaver. Every time.

C

cuticle. At the bottom we're all purple octopi.

course. Found river. I run.

cumulus. Stairs, staring at no one.

cells (honey, brood, pollen, queen). Can also take the following forms: a jar of blemish cream, a zipper, a man's shoe, a woman's, and a razor.

cardiac. Your mechanic means of oxidated sacs.

creak. Happens when different roots yell *dead leaves.*

corpus. I'm my own castle.

cucurbit. Holster. To love bite. Liminal. To circus. Replace. To abbey. Fez. Fistula. Faction. Fight. To torch. Succumb. Inversely. &. Glimpse. Bonibon. Zàààá. Amphora. Verter. So much. How many. Cats. To smile. Yes. Oz. Bellows. Grindingly. Bien. So.

D

dedos. Significa *arriba* y *vierte*.

día. Se dice así cuando la franja *cae* de este lado.

diálogo. A veces sólo basta duplicar un nombre para que desaparezca, le dije.

duelo. Significa que en este pueblo sólo cavemos yo.

E

edad. Espejito, espejito: rompe todo.

espejo. Es una casa que llevas a todos los otros lados.

F

flor. Es como una voz que no se toca. Es como una piedra que se traga a sí misma y que se traga.

fuego. Lago con tres rostros muy muy suavecitos.

G

gota. Una flecha. La pulida cabeza de Casandro.

gravedad. Teoría que expone cómo hasta un pájaro que moja sus patitas en el charco hace escuela.

gritar. Es una cueva con holanes y un mar con la boca en dryadas.

guardapolvo. Se le dice así al color del oro, sobre todo si está lejos.

H

hablar. Especie mutante en peligro de extensión.

hielo. Fase cuando el río ya no es plata, sino aguja.

hoguera. Ahí aúlla un ramillete de llaves. Al fondo de la fuente, dos ojos desdibujan.

hueco. No olvides que un hueco es como un nudo cuando se incendia.

D

digitalis (digits). Means *up* and *spilled*.

day. Said when the fringe *falls* on this side.

dialogue. Sometimes you only need to duplicate a name for it to disappear, I said.

duel. *This town ain't big enough for the both of us.*

E

era. Pocket mirror, mirror: break everything.

error (mirror). A house you take with you.

F

flower. Like a voice that doesn't touch you. Like a rock that swallows itself and swallows.

fire. A lake with three very very soft faces.

G

gout. An arrow. The polished head of Casandro.

gravity. Theory that explains how even a bird that wets its little feet in a puddle can teach.

gap. A cave with frills and a sea with its mouth stuffed with dryads.

guard. What we call the color of gold, especially if it's far away.

H

hearsay. A hive of mutant endangered species.

hoarfrost. Phase when the river isn't silver anymore, and instead needle.

hellfire. A bouquet of keys howls there. At the bottom of the fountain, two eyes blur.

hole. Don't forget that a hole is like a knot when it's on fire.

huella. Es un punto de sal. Se refiere a cuando estás mirándolo.

huésped. Se lee *huésped* donde debe decir *usted*.

I

igual. Hay que decidir donde dejar la palabra igual, si antes o después.

imán. Sinónimo de espejo. Sinónimo de plumas. Sinónimo de veleta. Sinónimo de quebrar.

isla. Son las cuevas donde hay que vivir para dibujar otra vez las úrsulas en la radio.

J

jardín. No significa nada, pero hay que decir su ataúd.

K

kamikaze. *¿Está esto encendido?*

L

lamer. Es una antigua tradición de las islas Termópilas lamerse el dedo para saber si ya es de día.

leche. Es como una bandera que se quebró.

luna. Dicen no habitar. Dicen que allá no. Dicen que esa sombra.

llave. Su cara gemela.

lluvia. Es un fruto que cae: eso que va allá soy yo.

luz. *Están cocinando la luz, pero cocínala bien porque si no, no cura. Ahora que se enfríe porque la luz es muy grande. Es una cortadora.*

M

madrugada. Allá en la playa alguien maúlla.

mar. Los años son espejos. Ríos que se ahuecan.

mariposa. El inquilino espasmódico en cada marfil.

hoofprint. A pinch of salt. It refers to when you're watching it.

houseguest. It says *houseguest* when it should say *you*.

I

identical. Has yet to be decided where to put the word identical, before or after.

inveiglement. Synonym of mirror. Synonym of feathers. Synonym of weathervane. Synonym of break.

island. The caves where you live to draw the ursulas on the radio again.

J

June. Doesn't mean anything, but its casket should be said.

K

kamikaze. *Is this thing on?*

L

lick. An ancient tradition on the island Thermopolis, you lick your finger to know if it's daytime.

lactate. Like a broken flag.

lunar. They say you shouldn't live there. Not there. They say that shadow.

latchkey. Your twin face.

lightning. A fallen fruit: I'm the one who goes there.

light. *They cook the light and should cook it through, otherwise it won't cure.*

M

morning. Someone meows on the beach.

marine. The years are mirrors. Rivers that hollow out.

moth. Spasmodic tenant in each ivory.

matriz. Es una sábana disimulando canoas tácitas en cajones milimétricos.

mediodía. Un diente de león inyecta lo arrebatado. Amarillo cae sobre.

miel. La miel es verde si la miras.

mirar. Es como estar en otro lado y no tener palabras.

montaña. Yace sorda y caricia ahí.

morder. ¿Pero si es la foto de una manzana?

música. También me gustaría que la música no fuera una fotografía.

N

nido. ¿Pero cuántas cosas habrán quedado bajo la forma de una golondrina con la excusa de que me miraba en el espejo?

nieve. Otra vez vino el hombre de aluminio.

no. Proviene del *sin quemar no hay nieve.*

nombre. Ni casa ni legión; tú.

nube. Ya te dije, todas las nubes son de piedra, pero las alas son cien ojos.

Ñ

ñ. Con esta letra no se escribe "ñudo," "ñublado" o "ñuvioso."

O

ojo. Es una boca gigantesca. Véase *emboscada.*

ojos. Si tuvieras ojos sabrías ver que ahí no hay ningún tipo de polea.

oro. A la espera de otra forma.

P

pájaro. Decir su nombre es decir lo que se dice.

pensar. Es parecido a un espejo lento y a un invisible jardín de mordidas.

pez. Es como ver una espina muy callada.

matrix. A sheet concealing unspoken canoes in millimetric drawers.

midday. A lion's tooth injects the flushed. Yellow falls upon.

milk and. Honey is green if you look.

look (me). Like being somewhere else and speechless.

mountain. Lies deaf and caress there.

meal. But if it's the apple photo?

music. I'd also like the music not to be a photograph.

N

nest. But how many things have stuck around as a swallow with the excuse that they saw me in the mirror?

snow. The aluminum man came again.

no. Comes from *no burn no snow*.

name. Neither house nor legion; you.

nebulous. I already told you, all the clouds are made of stone, but the wings are a hundred eyes.

Ñ

ñ. You don't write "ñest," "ñebulous," or "sñowy" with this letter.

O

open. A gigantic mouth. See *ambush*.

opened. If you had opened your eyes you'd know there's no type of pulley over there.

ore. Awaiting another form.

P

pidgeon. To say its name is to say what is said.

ponder. Resembles a slow mirror and an invisible garden of bites.

phish. Like seeing a very quiet thorn.

piel. Se siente como escuchar un muro que un día va derrumbarse.

pozo. Rutina de terciopelos, tafetas, rasos, cretonas, marcelinas y tarlatanas.

puerta. También se le dice *corona*.

pregunta. ¿Cuál es la palabra que se parece a cuatro manos en un tonel de arroz?

Q

q. La letra q es el animal que vive entre la luna (que nada más tiene una pierna) y el sol (que veces tiene cinco y a veces diez).

quebrar. Debe pronunciarse como *acordes sordos de ecos tornasolados simulando árboles sacudiéndose*.

quemar. Se debe quemar la casa hasta verla.

R

Ruiti. Véase *Ruiti*.

S

sangre. ¿De verdad la palabra sangre es de verdad?

silencio. Esta palabra todavía está por definir.

silueta. Es como estar al revés y no darse cuenta.

sol. Al sol le duele la cabeza porque sabe que es de noche.

solo. Una cáscara que engendra espuma.

sombra. Se parece a cuando la voz me duele.

suceder. La noche como presagio de la lumbre es lo que pasa.

T

todo. Ya sé que nada existe, mamá. Y lo demás tampoco.

peel. Feels like listening to a wall that will collapse someday.

pit (watery). Routine of velvets, taffetas, satins, cretonnes, marcelines, and tarlatans.

port. Also called *crown*.

puzzle. What's the word that looks like four hands in a barrel of rice?

Q

q. The letter q is the animal that lives between the moon (who only has one leg) and the sun (who sometimes has five and sometimes ten).

quietus. Should be pronounced like *deaf chords of iridescent echoes simulating shaking trees.*

quick burn. You should burn the house until you can see it.

R

Ruiti. See *Ruiti*.

S

sanguine. Is it true that the word blood is real?

silence. Yet to be defined.

silhouette. Like being inside out without realizing.

sun. The sun's head hurts because it knows it's midnight.

solo. A shell that foams.

shadow. Like a sore throat.

sudden. Like an omen of fire, the night is what suddens.

T

totality. I already know nothing exists, mom. And the rest, either.

U

unir. Quiere decir que *tú* eres real.

universo. Vamos a colar / Vamos a colocar la calaca.

V

veneno. Son lobos con alas.

voz. Consiste en disfrazarse de "gala" para "salir" a "bailar" al "palacio" de las "cosas" "rotas."

W

w. La doble u se parece a la mamá de las montañas, pero no es.

X

x. La equis del tesoro. (No se encontraron más definiciones.)

Y

yo. *Yo hablo, yo hablas, yo habla, yo hablamos, yo hablan, yo habláis como si ustedes existieran.*

Z

zeta. Zeta retículi. Zeta de zarza. Zarza es la retícula que ya no me habla mí. Zeta significa: todas las reinas rojas están sucediendo simultáneamente. ¿O alguien más sabe en qué es distinto un laberinto de una escalera?

U

unite. Means that *you* are real.

universe. We'll strain / We'll set up the skeleton.

V

venom. Wolves with wings.

voice. Consists of dressing up to go "dancing" at the "palace" of "broken" "things."

W

w. The double u looks like the mother of mountains but isn't.

X

x. The x of treasure maps. (No other definitions found.)

Y

you. *You talk, you talks, you'll talk, you talk amongst ourselves, you talking, you all talk like I all am.*

Z

z. Zeta Reticuli. Blackberry z. Blackberry is the lattice that won't talk to me anymore. Z means: all the red queens are happening simultaneously. Or does anyone else know the difference between a labyrinth and a staircase?

Translator's Acknowledgments

I have to thank The Dairy Hollow Writers' Residency for three bliss-ful, well-fed weeks of polishing off this translation in peace. The gender studies department at the University of Arkansas very gener-ously granted me a Bridge Fellowship to support the printing of this book. The unnamed and innumerable people who keep the internet ref-erence communities functional make projects like this one accessible even without access to academic resources. I thank you.

I would not be here, and this book certainly wouldn't be, without the many excellent teachers I've had: Nate Schultz, Gillian Johns, Justin Emeka, Anuradha Needham, Stiliana Milkova, Jed Deppman, Shane McCrae, Derek Gromadski, Karynna McGlynn, Davis McCombs, Geffrey Davis, Toni Jensen, and perhaps especially Sergio Gutierrez-Negrón—you all shaped my thoughts as they bent around this project; thank you. Your confidence in me made this book happen.

I am unspeakably grateful to the many kind and patient people and edi-tors who read drafts over the years, friends and colleagues and peers and betters, selfless as the day is long, in particular Rebekah, Silvina, Serena, Marine, Milo, and everyone else at Ugly Duckling Presse who labored to bring this book into the world, I am still and always will be astonished at the beautiful books you make and how much you give of yourselves to do it. The workshop folks, Robin, Joaquín, Mayssa, Hamid, Jami, Sarah, Sylvia, Ibrahim, Amelie, Lizzie, Colleen, CD—I see you. Noses in books in the corner. Go take a nap. Jenny Croft, Kate Tufts, Ellen Doré Watson, Robin Myers, it was a dream to get feedback from you! My forever gratitude for it. And my friends, those sweet peo-ple who knew these poems slapped before they even knew why: Jenny, Mia, Savannah, Blair, Claire, Maansi, Julian, Sunshine, etc.

Dear Rebecca Gayle Howell, this book is covered in your fingerprints. Thank you.

My dad, who never saw this, would be proud of it in the abstract; and the women in my family who are my lineage, my heritage: my mom, my sister, my aunt, my fairy godmother, writers all. You never questioned this project or the life that accompanies it. Quinton, I love the air we breathe and the food we eat and the sleep we sough where this book happened.

This book is ultimately for and by Diana Garza Islas. I cry all the time reading your emails. Your trust means everything. Thank you.

Some of these poems have appeared in previous forms in other places. "Nevada" was published in *The San Diego Poetry Annual*; "Honeycomb" in *Literal Magazine*; "Minejoy" and "Box of Honey (Example)" in *Waxwing*; "Glassy Liquors," "The Skeleton Who Adapted to the Route," and "Invisible Shoe or Three Visions of a Small Emperor" in *Asymptote*; "Box of FAQ's" in *Reading in Translation;* "We Shall Undergo" in *MAYDAY*; and "Rorschach" and an excerpt from "Section of Adoring Nocturnes" in *The Paris Review*.

Typeset by Kireji in Arno, with Tzu Yun Wei, Ebba Zajmi, and Pearl Friedland.

Cover designed and printed letterpress by Rebekah Smith and IngeInge, with an illustration by John Armstrong.

Printed & bound by Versa Press (East Peoria, IL).